Ingrandimenti

Giacomo Sintini
con Francesca Parravicini

FORZA E CORAGGIO

MONDADORI

www.librimondadori.it

Forza e coraggio
di Giacomo Sintini con Francesca Parravicini
Collezione Ingrandimenti

ISBN 978-88-04-63567-3

I edizione gennaio 2014

Forza e coraggio

Ad Alessia, l'amore della mia vita,
che mi è rimasta sempre accanto
e mi ha dato la forza quando non ne avevo più

1

Me ne sono innamorato in un secondo. Come della pallavolo.

Giocavo a Perugia, in serie A. La società era convenzionata con L'orto del frate, una trattoria vicino al palazzetto dello Sport. Ci facevano buoni prezzi e in tre anni, a forza di frequentarlo, ero diventato molto amico di Mario, il gestore: mi aveva quasi adottato. Bisogna spiegare che il nome Orto del frate nasce dal fatto che Mario da giovane ha studiato in un convento a Norcia, poi si è innamorato, pure lui, e di benedettino gli sono rimasti il cuore e i sandali. È facile immaginare che si sia sempre trovato un po' spiazzato di fronte a "riti pagani" come la festa della donna... Non aveva mai organizzato niente ma quell'anno, era il 2005, contando sul fatto che anche il Perugia calcio era in serie A e che noi ragazzi ci conoscevamo tutti, ci ha proposto: «Verreste, due della pallavolo e due del calcio, a fare i camerieri? Vi mettete una maglietta nera e i jeans, io vi do un grembiule e voi servite le ragazze, portate il vino in tavola, fate un po' i piacioni...». Poi ha pronunciato la frase magica: «Hanno prenotato novantotto donne e l'ingresso è vietato agli uomini fino a mezzanotte».

Non mi è parso vero. Mi sono detto: "Siamo gli unici là dentro sotto i trenta: spopoliamo. Chissà quanti numeri di telefono raccolgo stasera".

Mi sono fatto carino: sbarbato, i capelli accorciati, la mia migliore maglietta nera e sono andato là, super contento.

Con Alessandro Trimarchi e i due calciatori prendo in mano la situazione. Distribuiamo grandi sorrisi e occhiolini, accenniamo qualche mossa di ballo, versiamo il vino alle signore e io faccio bene il mio mestiere: guadagno tre o quattro numeri di telefono e sarebbe il momento di valutare il da farsi, però manca ancora un tavolo. E non un tavolino da due: un tavolo da dieci, che campeggia vuoto sulla parete in fondo. Che faccio: volto le spalle così a dieci ragazze? E se poi entra la donna della mia vita e mi brucio una chance per la fretta? Non se ne parla.

Le ragazze entrano dopo poco, una fila di ghiaccioli che, appena varca la porta, comincia a togliersi cappellini, sciarpe e altri ammennicoli, fuori fa un freddo barbino. Sono appoggiato al bancone, intento a darmi un tono da uomo che non deve chiedere mai, quando la vedo. È la seconda. È nascosta da un cappotto gigante e un berretto spesso tre dita. Le altre sono pronte alla guerra: scollature, tacchi, minigonne; lei ha un cappello di lana panna e azzurro, con i paraorecchi e il pon-pon.

Mi incanta all'istante e mi produco in una scenetta imbarazzante che ricorderò per tutta la vita: io la guardo, lei mi guarda, le faccio "ciao" con la manina, sfarfallando appena le dita. Roba da matti: tre anni da single e intere estati passate a dragare la costa da Milano Marittima a Riccione (e ritorno) non sono serviti a niente. Il tempo di pensare che al suo posto non mi degnerei di uno sguardo, che lei mi risponde, mi fa "ciao" con la manina a sua volta. Miracolo.

Il *patacca* che è in me si sarebbe precipitato al tavolo a prendere i cappotti, scostare le sedie, buttare lì una mezza frase... ma io niente: sono imbambolato. Rimango al bancone, a osservarla muoversi, sedersi, sorridere alle amiche, scostarsi i capelli dietro l'orecchio destro, far brillare un orecchino lungo e sottile, finché non mi rianima brutalmente Alessandro: «Jack, sveglia!» e mi rifila una gomitata. «Le ragazze in fondo chiedono se, invece di fissarle, puoi portare in tavola il vino della casa.»

Con uno scatto felino mi fiondo alle caraffe e veleggio

al tavolo. Riempio tutti i bicchieri e, colpo di genio, lascio il suo per ultimo. A quel punto, già che ci sono, mi accuccio lì accanto.

«Giacomo.»

«Alessia.»

Mi si illuminano gli occhi: «Il primo amore e anche l'ultimo» le dico, perché la mia prima fidanzatina al liceo si chiamava Alessia – un nome bellissimo, che mi sarebbe piaciuto per mia figlia. Invece di mandarmi a quel paese, mi sorride e rimane ad ascoltarmi mentre le racconto ogni cosa: del mio babbo che fa il medico all'ospedale di Lugo di Ravenna e di quanto parla, quasi come me, e di quanto lo ammiro; della mia mamma, che mi chiamava "viandante" perché vivevo più fuori casa che dentro; di me, che sono cresciuto a Villanova di Bagnacavallo, una campagna stupenda vicino al mare, con due fratelli, uno più grande e uno più piccolo, e non so da chi ne ho prese di più; del colpo di fulmine per la pallavolo, e di come sono arrivato fino lì, a Perugia. Poi passo ai sogni – quelli di gloria, di vita, d'amore, i figli che vorrei – e al futuro, fin dove riesco a immaginarmelo.

«Invece cosa mi dici di te?»

Parentesi: adoro parlare. All'asilo la maestra, se doveva assentarsi un minuto, mi piazzava sulla cattedra e io intrattenevo tutti con il racconto di qualche episodio (romanzato) che mi era accaduto veramente. Sono nato entusiasta: per me il mondo è un posto stupendo, dove nelle situazioni più banali capitano avventure che nemmeno nei film – la spesa, per esempio, o un giretto in centro, una cena con gli amici. Per non parlare di una serata all'Orto del frate. Noto tutto: i dettagli, i colori, il ritmo dei dialoghi, i toni delle voci. Deformazione professionale: il mio ruolo in campo è quello del palleggiatore. In altre parole, il regista: e il regista, se vuole gestire bene la sua squadra, deve osservare, cogliere ogni sfumatura, soppesarla nel quadro generale della situazione.

Il punto però questa sera è: avrò parlato troppo?

Neanche fosse una sfida, Alessia dà prova di grande tempra: alla fine del mio pistolotto ha ancora la forza per sorridere e parlare di sé. Mi viene il dubbio di piacerle. Mi dice che studia Giurisprudenza, che il suo sogno è fare il magistrato, nel settore minorile. Per arrotondare presenta su un canale locale i regionali di calcio e quell'anno le è toccato per la prima volta di commentare la pallavolo: Perugia (la mia squadra) è entrata ai play-off, una serie di incontri a eliminazione diretta che porta a incoronare il vincitore del campionato. Alessia ne sa poco e niente, è rimasta alla generazione di fenomeni come Lucchetta, Bernardi e Zorzi, e detesta in particolare il nome di un giocatore, tale Jack Sintini-Sentini-Santini, che le crea problemi al microfono. Tutte le volte che fa un lancio si chiede: "Ma questo è americano, che dobbiamo chiamarlo Jack? Si chiama Giacomo, chiamiamolo Giacomo!".

Collega la faccia al nome e diventa rossa. Imbarazzata è bellissima.

Scopro che odia la festa della donna e che le amiche l'hanno prelevata da casa a forza, promettendole una serata normale, senza spogliarelli o simili amenità. Sono finite all'Orto perché c'era posto solo lì, Mario le ha infilate nell'ultimo angolino disponibile. Per tutte queste ragioni è in jeans e cappello con pon-pon.

Più la guardo, più mi sembra perfetta. Perfetta per me.

Quanto tempo sarà passato? Un'ora? Due? Sono completamente cotto. E si vede così poco che, se di solito le amiche ti fissano in cagnesco finché non si convincono che sei degno della massima fiducia, in questo caso è un'amica di Alessia a passarmi il suo numero. Appena lei lo scopre, mi prende e mi trascina in bagno, chiude la porta e mi stende. Non con un bacio, purtroppo. Ma dicendomi: «Senti, Giacomo, sono fidanzata, non sono quel tipo di ragazza... per favore, cancella il mio numero».

Si gira e se ne va.

E adesso?

Il giorno dopo mi arriva un SMS. "Come stai oggi?" Numero che non conosco. Niente firma. È lei? O non è lei? E se è lei e non la riconosco? E se scambio un'altra per lei? Mi manca giusto la margheritina.

Dovendo buttarmi, scelgo il 50 per cento con Alessia: deve essere lei. Motivo: sempre meglio una brutta figura rispetto al rischio di non riconoscerla.

Ci prendo, per fortuna. Mi dà appuntamento la sera stessa. E mi racconta che, mentre stava uscendo dall'Orto, un signore, che forse ci aveva visti parlare, l'ha avvicinata e le ha detto: «Io, prima di lasciarmi scappare un ragazzo così, ci penserei» e le ha dato il mio numero. Chi sia questo benefattore, non lo so. Peccato, perché vorrei ringraziarlo.

A mente fresca, la mattina ha deciso di giocarsela mandandomi un SMS, senza firmarsi: se l'avessi riconosciuta avrei avuto una possibilità, altrimenti sarei stato depennato. Punto per me e grande sospiro di sollievo. La tensione scompare del tutto quando mi dice che quel pomeriggio ha mollato il suo ragazzo, comunicandogli onestamente: «Io non so cosa sia questa cosa, però credo che valga la pena viverla». L'ha piantato per me, dopo avermi visto una volta. Che donna.

E che anno. Prima dell'inizio del campionato la stampa ci dava per retrocessi, invece abbiamo giocato da Dio: siamo arrivati in finale Scudetto e abbiamo conquistato l'accesso alla Champions League. Non si era mai visto che riuscisse nell'impresa una società neopromossa, da soli tre anni in A1.

Come se non bastasse, d'estate Montali mi convoca in Nazionale per fare il secondo di Valerio Vermiglio, uno dei palleggiatori più forti al mondo: è un onore. Gli altri si allenano e basta, io mi alleno e macino chilometri per passare ogni momento libero con Alessia. Vivo tra la A1 e la casa dei suoi genitori, Nata e Nando. Siccome sono in procinto di cambiare squadra – da Perugia mi trasferirò alla Lube, una delle più forti in Italia – non ho più diritto all'appartamento nel quale vivevo. Queste due sante persone mi mettono una brandina in salotto, attaccata al divano, creando una specie di lettone nel quale io e Peter, il pallone che mi porto sempre dietro e che palleggio continuamente, ci parcheggiamo durante i weekend per un giorno, un giorno e mezzo, invadendo l'ingresso con sacche e borsoni della Nazionale. Quando lo racconto a mia madre, a momenti le viene da piangere: «Ma quella povera gente neanche ti conosce, e tu ti sei piazzato in casa loro!». Torto non ce l'ha, eppure sento che è la cosa giusta, che Alessia è quella giusta. Sono passati solo due mesi ma le chiedo di venire a vivere con me a Macerata, e lei accetta. Darà gli esami da non frequentante, e faremo insieme i pendolari per vedere genitori e amici.

È tutto talmente perfetto che quasi non ci credo.

La Lube ha messo insieme una squadra fortissima per conquistare lo Scudetto, l'unico trofeo che non hanno in bacheca. Lungo il percorso, vinciamo tutto: la Regular Season, la Coppa Cev contro i russi del Volejbol'nyj Klub Iskra Odintsovo, io vengo premiato come miglior palleggiatore della Coppa e due mesi dopo approdiamo ai play-off. Vinciamo i quarti di finale contro Perugia, senza perdere neanche una partita; in semifinale incontriamo Cuneo e li battiamo: il risultato è già storico, la Lube non è mai arrivata in finale. Contro di noi, la favorita, i campioni in carica: Treviso, la cui formazione ricalca quasi al completo quella della Nazionale italiana, che ha appena vinto la Champions League.

Siamo tesi, ma siamo a un passo dall'obiettivo e vogliamo quello Scudetto più di ogni altra cosa. Per aggiudicarcelo, dobbiamo vincere tre delle cinque partite che prevedono i play-off. Perdiamo gara 1, rimediando una suonata incredibile in casa, 3-0. Ci rifacciamo vincendo gara 2. Quando perdiamo gara 3, i giornali sostengono che ormai i giochi sono chiusi: Treviso è campione in carica ed è pure in vantaggio... Partiamo per il Veneto, per giocare gara 4 al Palaverde, un po' scoraggiati. Io mi produco in una partita memorabile, mettendo a segno 9 punti, che per un palleggiatore sono una valanga. Giochiamo tutti da re: vinciamo, e portiamo Treviso a Macerata, per l'ultima gara. O meglio, dovremmo giocare a Macerata, ma il palazzetto si rivela troppo piccolo: arrivano richieste da tutta Italia per assistere a questa partita inaspettata che fa notizia e finiamo per giocare a Pesaro: 11.000 gli spettatori. Un boato come quello quando entriamo in campo non l'ho mai sentito. Sono concentrato e aggressivo, dagli spalti mi guardano Alessia e i miei genitori. Chiudiamo rapidamente il primo set, combattiamo sul secondo ma lo teniamo, il terzo ce lo giochiamo punto a punto ma siamo incontenibili e vinciamo 3-0. Per la prima volta nella sua storia, la Lube è campione d'Italia.

Con la coppa in una mano e una nuova convocazione per la Nazionale nell'altra, mi chiedo se sia tutto vero. Perché proprio non riesco a dare una lettura diversa della parola "felicità".

Prima di raggiungere Montali e i compagni, però, trovo il tempo per delle vacanze come si deve.

Destinazione: Messico.

Missione: chiedere la mano di Alessia. Glielo ripeto quasi tutti i giorni: «Ma sposami!», quasi per scherzo. Adesso, però, vorrei che diventasse mia moglie per davvero. Credo nel matrimonio, voglio creare con lei una famiglia, di fronte a Dio e alla nostra comunità. Vengo da una famiglia cattolica, ma tra noi due è Ale quella più credente. Nessuno ha saputo aprirmi le porte della fede come lei, coinvolgermi così profondamente in un progetto di vita e di valori condivisi.

Ci conosciamo solo da un anno, ma so che è Lei. Parliamo tantissimo, ridiamo tantissimo, ci abbracciamo tantissimo. Mi accetta tutto intero nel mio 1.96, comprese le mie manie per la pallavolo, per l'ordine e la pulizia, per la programmazione e i calendari. Guarda il mondo con meraviglia: ogni volta che esce, torna a casa raccontandomi un'avventura. È tosta, coraggiosa, forte, nel momento del bisogno è un sostegno imprescindibile. Vogliamo disegnare futuri che si assomigliano – pieni di bambini, di persone che ci vogliono bene e alle quali voler bene –, sogniamo una fetta di terra tutta nostra, ci inventiamo la nostra casa, diamo i nomi agli alberi che pianteremo e immaginiamo quelli dei nostri figli.

Alessia è bellissima, ogni giorno sprigiona più luce. Sì, lo so, sono pazzo di lei. Siccome un filo di razionalità mi è rimasto, sento qualche parere esterno. Chiamo Tommaso e Mattia, i miei fratelli, Luca, il fratello di Alessia, e Edoardo, per lei un fratello acquisito. Il piano è: se mi dicono «Sei scemo, cosa stai facendo?», magari ci rifletto qualche settimana in più. Invece Tommaso e Mattia mi confermano che faccio benissimo, perché «sta ragazza è giusta per te», Luca mi fa un sorriso che non mi scorderò più, Edoardo, che è un sensibilone, si commuove.

Mia nonna materna, Lidia, ci mette il carico da mille, concedendomi – unico della famiglia – di leggere una lettera che ha scritto al nonno Arturo dopo che è morto, come se lui l'ascoltasse dal cielo. La tiene nel portafoglio, tutta piegata in un quadratino piccolissimo. Vuole che sappia che noi due amiamo nello stesso modo?

Ok, vado. Parto con in tasca il solitario acquistato a maggio a Perugia: ho il terrore che mi smarriscano il bagaglio. In camera nascondo la scatolina in un angolo della cassetta di sicurezza: nera su fondo nero, Ale non dovrebbe notarla. In ogni caso resisto solo per pochi giorni.

Una sera, dopo cena, andiamo a fare una passeggiata in spiaggia. Siamo scalzi, la sabbia tra le dita, i paguri che ci passano accanto. Camminiamo lentamente, per mano, godendoci il vento.

Ho il cuore a mille. La guardo di traverso, alla luce della luna. Comincio a parlarle d'amore: le dico quanto vorrei che rimanessimo sempre felici così, come in questo momento perfetto. E poi mi tocca: «Adesso Alessia, guardami, perché questa è l'ultima volta che te lo chiedo: vuoi sposarmi?». Tiro fuori la scatolina e gliela apro davanti, come nei film, peccato che non ci veda già quasi più, perché sto piangendo di gioia mentre lei mi dice di sì. Caschiamo sulla sabbia in ginocchio mentre ci abbracciamo fortissimo e ci viene da ridere – chissà cosa pensa chi ci vede singhiozzare con due sorrisi grandi così. Ci facciamo un autoscatto, per ricordarci sempre da dove siamo partiti, e torniamo a casa con un matrimonio da organizzare. Fissiamo la data per l'anno successivo in un giorno speciale, il compleanno di Alessia, il 26 maggio 2007.

Decidiamo che la nostra base sarà a Perugia e cominciamo a frequentare il catechismo per adulti, nella parrocchia di don Peppe, il padre spirituale di Alessia. Sul mio percorso da manuale – battesimo, comunione, cresima, lezioni di religione a scuola, sbandamenti adolescenziali verso una strada che non è esattamente evangelica – ho trovato lei, il suo modo di pregare con i canti, di condividere i sentimenti con la comunità. E ho scoperto un mondo bellissimo che tende alla gioia, pieno di giovani; ho scoperto che la mia fede era viva e intatta.

A maggio, tutto elegante, con un paio di fuoriserie del 46 ai piedi, attraverso la navata con mamma in attesa della mia sposa. Celebra don Peppe, a Bagnaia. Qualche lacrimuccia più tardi sono il marito di Ale e un giocatore un po' sperduto: l'ultima stagione con la Lube è stata poco fruttuosa, abbiamo mancato alcuni obiettivi e perdo la convocazione in Nazionale.

Ci soffro, soprattutto per la Nazionale, ma non tutto il male vien per nuocere: ho tempo per un viaggio di nozze come si deve. Al ritorno, Luca Novi, mio amico e procuratore, mi scova un posto proprio a Perugia, una benedizione: lì c'è la mia famiglia, lì c'è il mio futuro, voglio che sia anche il luogo della mia riconferma. Mi attrezzo psicologicamente per rialzarmi, ma chiudiamo la Regular Season al decimo posto. Dei play-off neanche se ne parla. Della Nazionale ancora meno.

Però. Ci sono un po' di cose positive.

Prima ancora che inizi la stagione, do appuntamento ad Alessia all'Orto del frate (sempre lui), per mangiare insieme finito l'allenamento. Quando arrivo, Ale mi sta aspettando nel parcheggio, con dei sacchetti in mano. «Ti devo dire una cosa, ti devo dire una cosa.» È eccitatissima e io, come un cretino, non capisco subito. Per fortuna. Così lei può prendermi un po' in giro con tutta la messinscena che si è studiata. Entriamo e ordiniamo, poi mi allunga due pacchetti. «Amore, ti faccio due regali.»

Apro il primo, il più grande: una felpa. «Per l'inverno.»

Continuo a non capire ma, siccome l'arrivo dell'inverno non è questa grande notizia, intuisco che mi vuole depistare. Incuriosito, scarto il secondo pacchetto: un pagliaccetto con dei pinguini disegnati e un giochino di gomma.

«Ma che vuol dire, che aspettiamo un bambino?!?» Dirlo, alzarmi e abbracciarla è tutt'uno col mettermi a piangere per la gioia. Lo volevamo da matti, lo volevamo immediatamente, ed è venuto talmente subito che non ce l'aspettavamo nemmeno. Quando riprendo il controllo mi accorgo che la radio, manco a farlo apposta, sta passando *She's always a woman*, e in qualche strano modo mi sento che sarà femmina. La immaginiamo da quando siamo fidanzati, abbiamo persino trovato il nome giusto: Carolina. Tre mesi dopo scopriamo che è vero: è lei, ed è in viaggio per raggiungerci.

Telefono a mia madre: quando le avevo detto che ci saremmo sposati aveva chiamato tutte le amiche del paese, ma quello era niente in confronto alla gioia che prova adesso. Impazzisce letteralmente: dopo tre maschi, finalmente può sfogarsi e comprare vestitini rosa, pupazzi rosa, copertine rosa...

Mio padre, primario di ginecologia, segue tutta la gravidanza di Alessia: ogni mese ci trascina a Ravenna per le ecografie, e ne accumuliamo così tante che potremmo mettere insieme un book fotografico. Da bravo papà rincretinito, non posso esimermi dal dire che in una si vede il sacco vitellino: sembra che Carolina stia palleggiando con una pallina.

A mano a mano che la pancia cresce, Alessia diventa sempre più bella: torno a casa dopo le partite o gli allenamenti e la trovo al tavolo della cucina, invaso da migliaia di pagine, libri, codici, appunti, che mordicchia la matita, avvolta dentro quei vestitoni premaman tutti colorati. «Ciao amore.» Si gira per salutarmi e ha una dolcezza tutta nuova. Sembra così delicata, così fragile. Divento padre in quel momento, e più uomo: non sapevo che il senso di protezione che ho sempre avuto per lei potesse crescere a tal punto e radicarsi in me come una pianta millenaria e immortale.

Parlo con la pancia ogni giorno, tutte le sere e tutte le mattine: chiamo Carolina già per nome e comincio a storpiarlo, ad appropriarmene. Carolina diventa prima Caro, poi Carota. Alessia mi dice che si sveglia solo quando sente la mia voce dire: «Sono il tuo babbino!».

Carolina nasce il 6 maggio del 2008, dopo averci fatto un po' preoccupare perché non ha avuto la benché minima intenzione di girarsi e mio papà ha dovuto praticare un cesareo.

La prendo in braccio e mi sembra di avere tra le mani la vita stessa. Non siamo abituati a pensare alla vita come a qualcosa di vulnerabile, eppure lo è: Carolina è perfetta, quel suo corpicino ha in sé tutto quello che ci vuole a fare di lei una donna, ma è così indifesa, così esposta. La abbraccio impacciato, con la paura di sbagliare e di farle male. È lunga poco più della mia mano, è morbida e avvolta in una copertina. Comincio allora a rivolgere al Signore una preghiera che per me è tutta nuova: "Se deve accadere qualcosa, che sia a me e non a Carolina, che sia a me e non ad Alessia". Che sia a me e non alle mie ragazze, la cosa più preziosa che ho.

Il destino – o, più prosaicamente, il mercato – mi regala la possibilità di rimanere nelle vicinanze per ben due anni. Inoltre, Perugia arruola Vincenzo Di Pinto, un allenatore che crede fortemente in me e vuole insegnarmi nuovi metodi per spiazzare l'avversario. La sua fiducia diventa il perno attorno al quale giriamo tutti. In campo è fondamentale, soprattutto per chi gioca nel mio ruolo. Il palleggiatore non è il frontman del gruppo davanti al quale le fan sono in delirio, ma il batterista: quello che dà il ritmo (e che i compagni guardano storto appena le cose vanno male). Decide il gioco, i tempi e gli schemi d'attacco, ma soprattutto decide chi dovrà concludere l'azione in tutte le situazioni, da quelle più tranquille alle più critiche e decisive. Senza la fiducia degli altri e senza fiducia in loro, è impossibile riuscirci.

Comincio ad allenarmi con tutta l'energia che ho in corpo, felice di mettermi in discussione. La mia vita cambia forma ogni giorno: quando torno a casa e faccio il bagnetto a Carolina, quando vedo mia madre (la stessa donna che domava energicamente torme di adolescenti irrequieti) varcare la porta carica di pacchetti pieni di rosa, quando la sera vado con Alessia al catechismo in parrocchia, a rinnovare il nostro patto e la nostra fede. Avverto di essere in cammino, dentro un percorso positivo che mi porterà a diventare un uomo migliore: chissà che i cambiamenti che mi chiede Di Pinto non ne siano parte. La stagione, intanto, decolla: chiudiamo il campionato quarti in classifica. E il successo mi arride: vengo nuovamente convocato in Nazionale.

L'anno successivo, però, la società sceglie di cambiare allenatore. Stentiamo, finché a fine 2010 la panchina non ritorna a Di Pinto. Con lui riusciamo a mettere in bacheca il primo trofeo della stagione e della storia di Perugia, la Challenge Cup, ma nella Regular Season ci piazziamo noni: un risultato senza infamia e senza lode, che esige un cambiamento.

A cui però non parteciperò. Ale, Caro e io andiamo incontro a una sorta di rivoluzione: mi vuole il Lokomotiv Belgorod, leader del campionato russo e protagonista della Champions League, il club più titolato del Paese.

Ne parlo con Alessia: è un'opportunità grandiosa, ma trasferirsi a Belgorod non è certo una passeggiata. È una città a sud di Mosca, al confine con l'Ucraina, dove d'inverno ci sono -32°, e abbiamo una bimba di due anni. Però stiamo facendo programmi – ci piacerebbe allargare la famiglia, abbiamo comprato una fetta di campagna umbra, lontano da tutto, e vorremmo costruirci la casa dei nostri sogni – e questa proposta sembra arrivare nel momento giusto: potrò mettere le basi per il nostro futuro e, professionalmente, misurarmi con un campionato straniero e giocare la Champions.

Alessia deve essere un po' zingara dentro, come me. Da bambino un giorno sì e uno no ripetevo a mia madre che volevo andarmene di casa, in giro per il mondo. Ho smesso quando mi ha preparato le valigie e me le ha fatte trovare sulla porta.

Decidiamo di firmare. Lei andrà un po' avanti e indietro con Carolina mentre io tornerò in Italia durante le pause del campionato. È un sacrificio, ma secondo noi ne vale la pena. Dedichiamo parte dell'estate a studiare il russo, almeno le parole base, e io quelle che mi servono per giocare. Ad agosto lei impacchetta casa e Carolina e partiamo per le gelide terre russe.

La sua scelta di seguirmi mi fa sentire un uomo fortunato e sereno. Non solo perché ho spesso accanto le mie due ragazze, ma perché, che le cose vadano male o bene, abbiamo scelto insieme il cammino da percorrere. Sto sperimentando con Ale qualcosa che non avrei potuto nemmeno immaginare: la potenza dell'unione. Lei non è semplicemente al mio fianco: è il mio doppio, una parte fondamentale di me.

Appena arrivati, Ale comincia a personalizzare l'appartamento che ci assegnano, per renderlo più "casa". Carolina dimostra un grande spirito d'adattamento: mia moglie la porta nei parchi giochi, che là sono al chiuso, e attacca bottone con mamme e tate mentre Caro, grazie al misterioso linguaggio dei cuccioli, riesce a stringere amicizie con gli altri bambini. Quando se ne vanno la salutano in italiano, «ciao ciao Carolina» e lei risponde in russo, «*paka paka*».

Io sono pieno di voglia di fare. Trovo il modo di intrattenere anche i compagni che parlano solo russo, nelle pause tra un allenamento e l'altro prendo lezioni, per migliorare la conoscenza della lingua. Nella squadra lavoriamo duramente, come piace a me. Peccato che, appena inizia il campionato, mi mettano da parte per favorire la carriera del figlio del vice-presidente della società, Sergej Bagrej, formalmente il mio secondo. Mi rendo conto che non posso irrompere nel campionato russo a dettare legge, però questa situazione è proprio tutta diversa da quella che mi ero prefigurato. Ne parlo con Alessia e decidiamo che vale comunque la pena rimanere: alla peggio, alla fine dell'anno tornerò riposatissimo in Italia, avendo messo da parte qualcosa per realizzare i nostri sogni.

Mi adatto al nuovo ruolo che mi hanno affibbiato, con un po' di dispiacere. Dura pochissimo perché Shipulin, il presidente, mi convoca e mi fa presente che costo troppo per stare in panchina. «Certo» gli rispondo, «mi ha preso per fare il titolare... se mi facesse giocare sarei un buon investimento, non le pare?»

Non sa cosa rispondermi, ma è evidente che questa conversazione è un vicolo cieco: il figlio del vice-presidente è intoccabile, dal punto di vista economico a loro converrebbe che me ne andassi, ma io a questo punto della stagione non posso farlo, rimarrei senza squadra. Mi consulto con Luca mille volte, finché non riceviamo una chiamata da Forlì, una squadra in gravissima difficoltà. È ultima in classifica a zero punti, non è mai successo che una squadra chiudesse il campionato di A1 in maniera così tragica. Nella disperazione, vorrebbero investire per ricostruire la squadra attorno ad alcuni elementi forti, tra i quali ci sono anch'io. Le imprese folli sono la mia passione: Luca mi suggerisce di trattare con Shipulin e di cercare un accordo. Ormai fuori dal vicolo cieco, il presidente e io ci stringiamo la mano, entrambi soddisfatti. Lui ha avuto quello che voleva, io torno a casa prima di Natale.

Mi accoccolo nella mia Romagna. Ritrovo il disegno semplice della mia campagna, i campi squadrati, punteggiati dal giallo delle rotoballe, le strade lunghe e diritte che portano al mare. La società mi sistema in un albergo vicino al palazzetto e poco distante dai miei genitori, in brodo di giuggiole perché vedranno molto più spesso Carolina.

In trasferta condivido la camera con Vigor Bovolenta: è un delirio. Io passerei l'aspirapolvere ogni mezz'ora, lui semina roba ovunque. Mi manda a quel paese in romagnolo almeno una volta al giorno perché gli metto tutto a posto e gli rifaccio il letto prima che arrivi la cameriera. La notte, poi, mi tiene sveglio fino alle tre a parlare di mogli e di figli: ha appena toccato quota quattro. Quando sento la frase «Sintini, ascoltami», so che la serata sarà dura.

Oltre a Bovo ritrovo Piero Molducci, l'allenatore che mi ha fatto esordire in serie A, scaraventandomi per primo in mezzo al campo: ero così magro che mi sono sentito un giocatore dimezzato finché lui non ha puntato su di me nonostante tutto. Un mese dopo il mio arrivo entra anche Leonardo Caldeira, uno schiacciatore brasiliano davvero bravo.

Con lo spirito pionieristico delle rimonte impossibili ci diciamo: «Dài, ragazzi, rimbocchiamoci le maniche». E, passo passo, cominciamo a riprendere quota: qualche partita la vinciamo, altre le portiamo al tie-break. Troviamo il nostro gioco (e la squadra la sua dignità), il problema è che è troppo tardi per sperare di salvarci: non avendo segnato nessun punto nel girone di andata, siamo destinati alla retrocessione in A2.

2

Il 13 marzo giochiamo contro Verona. Combattiamo come leoni, io mi guadagno anche diversi complimenti, ma purtroppo perdiamo 3-2.

La sera parto per Perugia: ho il lunedì libero e voglio passare un po' di tempo con le mie donne.

La mattina dopo mi sveglio presto per accompagnare Carolina all'asilo, torno da Alessia e insieme decidiamo di fare un giro in centro prima di andare a pranzo dai suoi. Nata e Nando hanno la capacità di viziarmi in una maniera quasi scandalosa: Nata mi prepara le sue prelibate tagliatelle con gli asparagi e la ventresca, il mio piatto preferito, e alla fine del pranzo mi concedo uno dei lussi incompresi di questo mondo, cioè il caffettino di Nando, aromatizzato al cioccolato. Tutti in casa lo detestano, a parte noi due, quindi a fine pasto ci ritiriamo in un angolo del tavolo, come gentlemen di una volta, a gustarci questo piacere da uomini.

La sera usciamo con gli amici e di notte, visto che non la vedrò per una settimana, decidiamo di tenerci Carolina nel lettone. Dormo un po' scomodo, mi sveglio con il mal di schiena, ma non ci faccio nemmeno caso.

«Ho male sotto la scapola destra» dico ad Alessia mentre facciamo colazione, prima di partire.

«Sicuro che sia una buona idea fare pesi stamattina?» Alle 11, in effetti, ho una sessione di allenamento. Conto sul fatto che mi passi: sono indolenzito, ma mi è capitato seimila volte, cosa vuoi che sia?

Butto la borsa in macchina e parto per Forlì. Chiamo mio padre per beccarlo prima che cominci a lavorare. Ci facciamo la nostra chiacchieratona quotidiana di aggiornamento, gli racconto i miei piani della settimana per capire quando possiamo vederci. Gli accenno anche al mal di schiena: da chirurgo abituato a vedere situazioni gravissime mi rassicura e mi dice di consultarmi con il fisioterapista della squadra, «sicuramente lui saprà cosa fare». Due telefonate dopo, a Bovo per salutarlo e al mio procuratore per sapere come sta e aggiornarmi sull'andamento del mercato, arrivo in palestra.

Avviso Luca, il preparatore atletico: «Mi sono svegliato con un po' di mal di schiena: che ne dici, faccio tutto come sempre o devo limitarmi?».

«Facciamo così: non forzare. Fai solo gli esercizi che ti senti, e non preoccuparti che più tardi andiamo insieme da Mattia.» Con la prospettiva di vedere il fisioterapista mi tranquillizzo e faccio solo gli esercizi che non mi provocano fastidio. Mancano due giornate alla fine del campionato, e giocarmele per una scemenza del genere mi dispiacerebbe davvero.

Il pomeriggio dovrei allenarmi ma chiedo a Molducci di dispensarmi: saranno stati i pesi, fatto sta che ho più male di prima e non vorrei peggiorare la situazione. Molducci non fa una piega e anche lui mi spedisce da Mattia: «Fai fisioterapia, Jack. Tanto è martedì, giochiamo domenica, non c'è problema. L'importante è che recuperi».

Il fisioterapista mi guarda, mi gira, mi rigira e vede che ho delle contratture alla schiena, soprattutto a destra. Mentre mi tratta ripasso mentalmente tutto quello che ho fatto tra domenica sera, quando stavo benissimo, e martedì mattina, quando mi è spuntato questo fastidio, ma non riesco a capire cosa possa aver provocato questa antipaticissima contrattura. Niente di che, d'accordo, però rischio di perdere allenamenti e partite e di mettere la squadra in difficoltà.

Il mattino dopo sto ancora peggio. I medici mi danno un antidolorifico e un miorilassante per sciogliere i muscoli. Sarà una mania da figlio di medico, ma detesto prendere le medicine. Cedo solo quando è l'unica, e in questo caso è l'unica se voglio giocare. Mi piazzo a letto e il mercoledì mattina, quando mi sveglio, il miracolo: sto bene. Chiamo Molducci tutto contento: «Oggi posso allenarmi, coach, sto molto meglio».

In campo, però, incontro gravi difficoltà. Non funziono come sempre, non ho scioltezza, non ho velocità. E ho male, soprattutto se palleggio all'indietro: per inarcare la schiena e stendere le braccia dietro la testa devo stringere i denti. Torno da Mattia e, siccome è mercoledì pomeriggio, cominciamo a chiederci come fare perché riesca a giocare domenica. Tra l'altro, dobbiamo batterci con Latina, che rischia la retrocessione insieme a Castellana Grotte: sono talmente vicine come punteggio che, se non scendo in campo, potrebbe sembrare che vogliamo favorire una delle due. «Io voglio giocare, Mattia. E voglio provare a vincere. Dopo di che, se perdiamo, pazienza, però non possiamo danneggiare nessuno.»

«Ok Jack, cerchiamo un modo.»

Le proviamo tutte ma il male non se ne va e, anzi, si intensifica quando respiro a fondo. Mattia ipotizza che ci sia qualcosa che non va a un livello più profondo, e mi manda dall'ortopedico, il quale mi chiede ancora una volta dove sento dolore. Gli spiattello la pappardella che vado ripetendo da giorni: «Ho dolore alla schiena, in particolare alla parte destra. Sento fastidio anche sul torace, qui, sotto il braccio. A volte è più intenso, quando respiro profondamente o inarco la schiena, a volte meno».

«Questo, però, Jack, è un problema muscolare» valuta anche lui dopo avermi visitato, e mi rispedisce da dove sono venuto.

Nessuno ci capisce niente. Nel frattempo, in compenso, mi viene un colpo di genio: «Se sento male nell'espandere il torace, provate a fasciarmi: lo comprimiamo un po' per quelle due ore che devo giocare».

Funziona. La domenica, contro Latina, entro in campo tutto fasciato e, con l'aiuto di un antidolorifico e un antinfiammatorio, riesco a fare il mio dovere nonostante una sofferenza bestiale.

Il giorno dopo sto da cani. Alessia, che è venuta per vedere la partita e passare con me il mio lunedì libero, comincia a preoccuparsi quando mi vede fare stretching ai semafori. Il programma è di andare all'Ikea a vedere dei tavoli da pranzo: vorremmo sostituire il nostro con uno più grande, per ospitare tutta la famiglia il giorno di Pasqua. Scendo dall'auto completamente inchiodato, e penso che per fortuna siamo venuti solo a dare un'occhiata: come lo solleverei il tavolo?

Visto che sono le ultime settimane di campionato, Molducci decide che posso saltare tutti gli allenamenti e fare solo terapia: «Jack, tanto non c'è più niente da fare. Giochi domenica e poi facciamo tutti gli accertamenti del caso».

Chiamo mio padre per aggiornarlo. Nemmeno lui sa cosa dire, ma del resto ho avuto decine di volte male al ginocchio, tendini infiammati, dita fratturate, contratture alla schiena... che ci sarà mai di diverso?

Qualcosa di diverso c'è, ma non riesco a verbalizzarlo. Non è un dolore solo muscolare, è più profondo. Sento che è all'interno, e immagino che sia perché per la prima volta ho più di una contrattura contemporaneamente.

Gilberto Marchi, il direttore sportivo, mi indica un osteopata a Forlì, che ha fama di risolvere i problemi più irrisolvibili, e mi ci accompagna. Mentre torniamo indietro, dopo il trattamento, butta lì un'idea: «Jack, perché non andiamo a fare una radiografia al torace?».

«Gilberto, ma cosa andiamo a fare?» gli rispondo. «Se si fosse rotto un osso me ne sarei accorto, non ti pare? Anche l'ortopedico se ne sarebbe accorto. Non ho avuto incidenti in macchina, se fosse successo quando mi sono tuffato in campo avrei riconosciuto il dolore dell'osso che si spezza, altri urti non ne ho avuti... lasciamo perdere.»

Il giovedì prima dell'ultima partita c'è la rituale pizzata con i tifosi: è un modo per ringraziarli, e quest'anno gli siamo particolarmente grati per averci seguito nonostante la stagione disastrosa. Gentilissimi, si presentano in tanti e noi ci godiamo con loro una bellissima serata. A cena mi siedo di fianco a Bovo. Chiacchieriamo, ridiamo, scherziamo, mi sembra quasi di stare bene. Dopo il caffè, Vigor mi propone una birretta, insieme a qualche altro giocatore: «Dài Sintini, tu sei in albergo da solo, i miei sono a Ravenna, ci beviamo qualcosa e andiamo a dormire».

«Sì, volentieri.»

Esco dalla pizzeria un po' accaldato. Fuori l'aria è quella fresca della fine di marzo, e mi scappa uno starnuto. Inalo, e quando lo starnuto esce sento la schiena che mi si contrae tutta. Ogni muscolo, ogni tendine, ogni costola, la colonna vertebrale, tutte le ossa: percepisco la sensazione nitidamente. È un flash di dolore che mi lascia senza fiato, ma per pochi secondi: scema quasi subito. Rimango indolenzito, bloccato, con la schiena completamente contratta. E soprattutto spaventato.

«Bovo, scusa, non vengo.» Il solo sentire la voce che mi esce dai polmoni mi tranquillizza un po'.

Lui comincia a infamarmi, come dalle nostre parti fanno gli amici veri, che insistono finché non ottengono di poterti tenere con loro ancora qualche momento. «Ecco, lo sapevo. Adesso devi andare a casa perché la moglie se la prende se stai fuori a bere una birra.»

Sapendo che potremmo andare avanti così per ore – lui che mi prende in giro e io che mi giustifico –, e avendo poca voglia di rimanere da solo, cedo subito: «Ok, vengo, vengo. Mi fermo mezz'oretta, poi vado».

Nel pub non so in che posizione mettermi: seduto sto male, in piedi peggio. Il posto è affollato, il semplice tocco di chi mi passa accanto mi provoca altre fitte alla schiena. Ascolto e non ascolto i discorsi dei ragazzi. Continuo a chiedermi: «Porca miseria, e se non mi passa? Il campionato è finito, ormai si apre il mercato: non posso presentarmi così alla mia nuova squadra».

A metà serata non ce la faccio proprio più. Saluto Bovo e gli altri e torno in albergo. Scrivo un SMS ad Alessia, non voglio svegliarla, e mi butto nella doccia: chissà che il getto dell'acqua calda non mi aiuti a sciogliere le contratture. Mi appoggio al muro, la testa sulle mani, e lascio che l'acqua scorra. Prima di mettermi a letto prendo un Aulin. Mi sdraio e cerco la posizione in cui sento meno male: non riesco a stare sulla schiena, né sul lato destro, né di pancia. Devo rimanere sul lato sinistro – io, che non ci dormo mai–, immobile, con il braccio lungo il fianco: appoggiarlo sul materasso, con la spalla penzoloni, è impossibile. Adagio, poso la mano sulla gamba e resto fermo. Respiro lentamente, con la paura che qualche sospiro più profondo, o uno starnuto, possano privarmi di una condizione che mi sembra ormai innaturale: l'assenza di dolore.

Cerco di spegnere anche il cervello, ma continuo a riflettere sulla possibilità che il male non mi passi. Mi si accavallano i pensieri: il futuro di Carolina, il mio e di Alessia, il dover trovare una squadra, la casa e il terreno, tutti i medici che ho visto e che non sanno identificare il mio malessere, la partita di domenica... infine mi salva la stanchezza e crollo addormentato.

Il mattino dopo apro gli occhi e sono nella stessa, identica posizione. Non mi sono mosso. È uguale anche il dolore: appena sposto il braccio, si irradia per tutta la schiena e sotto l'ascella destra.

Richiamo Mattia, lo raggiungo e passiamo la mattinata a chiederci cosa sia. Decidiamo che, se proprio domenica voglio giocare, utilizzeremo lo stesso sistema della settimana precedente, la fasciatura. Voglio giocare, dunque domenica mi fasciano il torace, ingollo antinfiammatorio e antidolorifico e mi schiero in campo con gli altri. Perdiamo contro Trento e perdiamo male, 3-0. Idem tre giorni dopo, contro la Lube.

Ale e Carolina sono venute a vedermi. La sera saluto tutti, compagni, dirigenti e nonni, metto le mie borse in macchina e ci incamminiamo verso Perugia. Ho voglia e bisogno di stare a casa mia, nel mio letto. Condivido con Alessia il buon proposito per il mese di aprile: «Adesso per venti giorni non faccio nessuna attività fisica: niente allenamenti, niente preparazione, nemmeno una corsetta. Niente. Vedrai che se sto fermo per un po' mi passa». Lei è d'accordo e cominciamo a pensare all'organizzazione di un po' di cose belle: il pranzo di Pasqua con tutta la famiglia, il compleanno di Carolina...

Passo le giornate tra una commissione e un appuntamento: sistemiamo un po' il terrazzo, che accoglie ora un barbecue nuovo di zecca, prendiamo qualche pianta, qualche nuovo soprammobile. Andiamo spesso alla nostra terra con il geometra, per studiare il progetto della casa che sta nascendo: immaginiamo già le finestre rivolte verso la valle, che guardano la collina digradare fino alla strada e specchiarsi nei poggi dall'altra parte. Nelle giornate terse, in fondo in fondo, si vedono le guglie di Assisi. Vogliamo un piano solo, niente scale, per i bambini. Cominciamo a pensare di regalare un fratellino o una sorellina a Carolina.

Sarebbe un periodo bellissimo se non ci fosse sempre questo dolore, che condiziona le mie giornate. È come una scossa elettrica che mi attraversa tutta la schiena, il collo e il costato; una tempesta di microscopici aghi, che mi si conficcano sotto la scapola e sotto l'ascella e corrono giù, sotto la pelle, sotto i muscoli e i tendini, dentro le ossa, in una zona nera alla quale non so dare un nome.

Tutti i pomeriggi, dopo pranzo, mi stendo sul tappeto e faccio stretching: mentre mi allungo sento sollievo, appena rilascio la tensione accumulata il dolore esplode, lasciandomi esausto. Vivo con la paura di fare il movimento sbagliato, e di starnutire. Alessia mi prende in giro. Se sento arrivare uno starnuto vengo assalito dal panico, quasi urlo «No, no, no!», per poi turarmi il naso con le dita, sperando di contenerlo. Se non arrivo in tempo il bruciore aumenta, devo sedermi e provare a tirare il fiato, facendo sempre attenzione a non respirare troppo a fondo.

Non riesco più a prendere in braccio Carolina.

Una domenica riordino il garage, sposto tre scatoloni leggerissimi e la mattina dopo non riesco ad alzarmi: schiena, spalla, collo, trapezio sono paralizzati.

Cercando una soluzione scopro che, se mi appendo il braccio al collo, come se fosse rotto, avverto un po' di sollievo. Ci sono situazioni, però, in cui non lo posso fare: è il periodo del mercato, le decisioni su chi giocherà in quale squadra si prendono in queste poche settimane, e non posso mostrarmi nei palazzetti dando l'impressione di avere l'ulna o il radio, o tutti e due, fratturati.

Il 16 aprile decidiamo di andare a Modena, per incontrare Luca Novi e vedere una delle partite dei play-off, Modena-Monza. Sto così male che insisto con Alessia perché mi appenda il braccio al collo comunque, ma lei tiene duro, giustamente: «Assolutamente no, Giacomo. Piuttosto non ci andiamo: se ti vedono così possono pensare che hai chissà quale infortunio, invece magari non è niente e intanto ti sei compromesso il mercato». Per entrare al palazzetto prendo l'ennesimo antidolorifico.

Non posso vivere così. Su consiglio di papà, al ritorno contatto lo staff medico di Perugia, con il quale sono rimasto in ottimi rapporti. In particolare con Daniele Checcarelli, fisiatra, medico sociale della squadra, detto "Doc". Daniele mi visita e mi spedisce da Armando, un amico, il fisioterapista che mi ha seguito l'ultimo anno che ho giocato lì.

Armando, però, appena mi vede esclama: «Come faccio a lavorare? Sei troppo infiammato». Il dolore mi si irradia dalla scapola destra in tutta la zona circostante. Non riesco a localizzarlo con chiarezza. Quando mi viene chiesto dove ho male indico quel punto, ma lo sento tutto attorno, anche davanti. Armando e Daniele si consultano e mi propongono una terapia alternativa: «Senti, non hai allenamenti adesso, non ci sono campionati in vista e non sei stato convocato in Nazionale. Ti somministriamo del cortisone, per sfiammare la zona, e facciamo un'ecografia».

Non mi piace, ma accetto. Decidiamo di cominciare dopo le feste, all'inizio di maggio.

Nel frattempo devo chiedere a Nando di accompagnare me e Alessia all'Ikea: Pasqua si avvicina e ci servono il tavolo grande e le sedie. Da solo non ce la farei mai a portarli a casa.

Quella sera Carolina rimane a casa con la nonna, mentre io e Alessia andiamo in chiesa, alla preghiera. Appena usciamo mi rendo conto che a Pasqua mancano due giorni e mi sono dimenticato di confessarmi. E adesso? «Alla parrocchia di Castel del Piano confessano tutta notte. Puoi andare là» mi suggerisce Ale. «Io vado a casa così libero mia mamma; ti aspetto, d'accordo?»

A Castel del Piano la chiesina è piena: chi fa due chiacchiere sul sagrato, chi recita il rosario di fronte al Santissimo, chi aspetta il proprio turno per la confessione, chi semplicemente prega. Quando viene il mio turno si libera un posto nella grotta: è una cappella alla sinistra dell'altare, dove don Francesco ha fatto ricostruire in miniatura la grotta di Lourdes. Quel frate non l'ho mai visto: è giovane, con un po' di barbetta, dev'essere stato convocato per l'occasione. Comincio la mia confessione: cosa funziona, cosa no, la naturale tensione dovuta all'apertura del mercato... le mie scontentezze di ragazzo normale, forse un po' viziato dalla vita. Il frate mi lascia parlare, poi mi prende la mano: «Lo sai qual è il tuo problema, ragazzo?». Lo dice con una semplicità e una naturalezza che mi spiazzano e mi permettono di aprirmi all'ascolto. Non ho il timore di essere giudicato; piuttosto, sono incuriosito: «Non lo so, mi dica».

«Tu sei troppo ricco.» Lo scandisce lentamente, come a cercare le parole giuste: «Tu sei troppo... ricco. E vedrai che il Signore, in qualche modo, ti insegnerà l'umiltà».

Quattro pater e quattro ave dopo sono sulla via di casa. Può darsi che abbia ragione, non ci ho mai riflettuto. Di certo sono molto fortunato, questo sì. Ho la famiglia che sognavo, tutti andiamo d'accordo con tutti, abbiamo un tetto sopra la testa, il mio lavoro è la mia passione... che sia troppo?

Il giorno del pranzo è tutto perfetto: Alessia ha cucinato le lasagne e l'arrosto, Nata ha portato il pane fatto in casa.

Carolina è raggiante e, come al solito, viene riempita di regali dalle due nonne. È un maschiaccio ma loro non si arrendono e tra uno Spiderman e un Batman buttano sempre là qualche vestitino fru fru. Per partecipare alla giornata devo prendere altri antidolorifici. Il giorno successivo anche: è in programma un pranzo a Ravenna con tutti i parenti e, senza, non riuscirei ad affrontare il viaggio. Vengo accolto da un comitato di benvenuto composto da mio padre, ormai preoccupato, e mio fratello Mattia, fisioterapista. Mi mettono sotto la lente d'ingrandimento e decidono che devo farmi visitare a Imola da Francesco Ricciardi, fisiatra e osteopata, uno dei maestri di Mattia. Ci fermiamo apposta un paio di giorni in più e papà mi accompagna. Ricciardi, per primo, ipotizza qualcosa di diverso rispetto agli altri: «Sembra che tu non abbia male alla schiena, sembra più un dolore a una delle costole. Credo che sia un blocco costale». Prova a manipolarmi leggermente ma sono costretto a fermarlo: il dolore è atroce. Che ci abbia preso? Gli riferisco i piani dei miei medici di Perugia e concorda: «Assolutamente, il cortisone va iniziato il prima possibile perché sei veramente troppo infiammato».

A maggio l'ecografia non mostra niente.

Il Doc mi prescrive una risonanza magnetica cervicale. Teme che un problema alla colonna, un'ernia o una protrusione, interessi anche i nervi: è una spiegazione sensata del fatto che questo dolore si irradi in una zona così vasta. La risonanza è negativa, quindi, finalmente, attaccano con il cortisone. Come per magia le infiammazioni collaterali scompaiono: il collo comincia a stare bene, e così la schiena. Daniele e Armando si raccomandano: «Nessuna attività, nessuno sport, non prendere nemmeno in braccio la bambina. Stai fermo, non fare niente. Quando ti sarai completamente sfiammato dovremo approfondire». Obbedisco e faccio i compiti per bene. E riesco a localizzare il dolore.

Lo dico ad Alessia, poi anche al mio babbo: «Alla schiena non sento più male, sento qualcosa qua» e indico una zona sul fianco, sotto il braccio destro, all'altezza del costato. Ale segna con un pennarello i punti che indico. È un dolore che pulsa, come quelli dei denti, che quando li tocchi appena ti verrebbe da urlare.

Alle sedute con Armando aggiungo quelle con Chiara Bomba, la fisioterapista che aveva trattato la schiena sofferente di Alessia dopo la gravidanza.

Comincio a sentire dei benefici, ma durano pochissimo. Continuo ad avvertire una punta di bruciore. «Doc, so che è lì, lo sento» dico a Daniele. Poi quel puntino comincia a pulsarmi anche di notte, e si allarga, si allarga a dismisura. Sento ondate di caldo e di male. Se mi muovo nel sonno mi sveglio, e lui pulsa, è lì e pulsa.

Una mattina faccio per alzarmi e non ci riesco. Una fiammata mi incendia il costato e devo rimettermi giù, sul fianco. "Non avere paura, non avere paura, non avere paura." Me lo ripeto cento volte, respiro, respiro piano, poi chiamo Alessia. Mi aiuta a tirarmi su, e io per farle vedere che sto bene e in fondo non è successo niente zampetto fino al bagno. Mi chino sul lavandino e provo a lavarmi la faccia. Il braccio sinistro si muove normalmente, il destro invece non lo posso spostare, se non voglio sentire dolore.

Nei giorni successivi capisco che, se faccio pianissimo, riesco a fare quasi tutto. Alcuni gesti sono off limits, come infilarmi i pantaloni o sollevare qualunque cosa. O prendere in braccio Carolina. Ero abituato ad averla sempre addosso, ora dobbiamo stare distanti, a me dispiace e lei piange. Ogni tanto lascio che si aggrappi, ma sono costretto a metterla giù subito e a ripeterle ancora una volta: «Papà ha male alla schiena, tesoro».

Mi incazzo. Ho trentadue anni, sono uno sportivo, sostengo continuamente prove ed esami fisici, mi alleno, mangio e bevo sotto controllo medico. E sono stanco di sentire dolore, stanco di giornate condizionate dal male o dalla paura del male, stanco di non potermi muovere come prima, di non poter nemmeno starnutire in santa pace. Non ne posso più. E il tempo per risolvere questo problema è agli sgoccioli: Luca mi ha trovato un ottimo contratto allo Jastrzebski Wegiel, una squadra polacca, leader del campionato locale, che partecipa alle competizioni internazionali. La allena Lorenzo Bernardi, un amico – quello che mi ha fatto conoscere la storia di Lance Armstrong, diventato da quel momento uno dei miei idoli sportivi – e un giocatore immenso, il migliore del XX secolo, secondo la Federazione internazionale: abbiamo indossato insieme la maglia di Treviso e da qualche anno lui ha fatto il grande salto dall'altra parte della panchina. Ci sentiamo al telefono e gli ci vogliono pochi secondi per convincermi. Firmo, e di corsa. È una chance che non mi ero concesso di sperare: un nuovo campionato, competizioni internazionali. Dopo tutte le difficoltà dell'anno scorso, è una boccata d'aria fresca.

"Adesso mi rimetto in gioco e questo problema alla schiena lo risolvo" penso. Lampo di genio: piscina. La piscina fa bene alla schiena, no? E poi non voglio presentarmi alla preparazione con la muscolatura fiacca: dopo due mesi che non faccio niente, è ora che ricominci a muovere almeno le gambe.

Preparare la borsa mi fa sentire bene, mi fa sentire me stesso: Jack, il giocatore, che va ad allenarsi. Sono poche cose, ma le scelgo con cura: il costume blu, la cuffia azzurra che sembra quella della Nazionale, gli occhialini, l'accappatoio rosso che mi ha regalato Ale, le mie ciabatte di gomma preferite, e sono pronto.

In vasca sono costretto a smorzare l'entusiasmo: lo stile libero è off limits, e anche il dorso mi fa troppo male. Provo la rana, fatico ma vado. Però voglio trovare un modo per poter tenere un certo ritmo, per allenare il fiato. Forse la soluzione giusta è muovere solo le gambe, per ora: finché non mi passa questo dolore è meglio non forzare. Mi sdraio sulla schiena, allungo le braccia sopra la testa, tenendo le mani unite, e parto. Prima vasca, seconda vasca, terza vasca...

L'assenza di dolore è una sorpresa che mi prende alla sprovvista. Sono da solo, senza pensieri: posso andare storto quanto mi pare, posso godermi il momento, posso andare avanti all'infinito da quanto sto bene. Quarta vasca, quinta vasca... è incredibile, è troppo bello. Mi distraggo e non mi accorgo di essere già arrivato, urto appena con le mani il bordo della piscina e una fiammata di dolore mi spezza in due. Va tutto a fuoco: il braccio, il costato, il torace, la schiena. Sprofondo sott'acqua, il respiro mozzato. Sento le lacrime uscirmi dagli occhi, cerco di respirare ma attorno c'è solo acqua. Mi riempie la bocca, le orecchie, il naso, mi avvolge e mi copre e mi ucciderebbe, se il mio piede sinistro non reagisse al mio posto, spingendomi in alto, fuori, all'aria. Striscio fuori dalla vasca e rimango a terra, vicino al bordo, a piangere come un bambino che non sa che cosa si è rotto e ha paura.

3

Esco dalla piscina sconsolatissimo e telefono subito al Doc. «A che velocità sarò mai andato? Non sono un nuotatore, mi muovevo solo con la punta dei piedi, senza pinne!» cerco di spiegargli agitato. «Un dolore atroce, rischiavo di annegare!»

«Vieni qua, che ti guardo di nuovo.» Non lo dice, ma sento dal tono della voce che comincia a essere preoccupato anche lui.

Il giorno dopo infatti decide: «Basta. Mi sono rotto le balle. Adesso vai da questo osteopata bravissimo, Cesarini. Lo conosci, no? Claudio, quello che lavora anche con la Nazionale».

«Lo conosco, lo conosco.»

«E io ti prescrivo un'elettromiografia, un esame che serve per capire se i nervi sono intatti. Guardiamo quelli della schiena. Poi facciamo un'altra risonanza magnetica. Ma stavolta la facciamo totale: voglio vedere bene questa schiena e questa colonna.»

Due giorni dopo sono nello studio di Cesarini. Mi chiede di descrivergli che cosa sento, e il mio racconto comincia ad allungarsi rispetto alle prime volte. Non ho più un semplice dolore alla schiena e al costato: quel dolore va e viene, si aggrava, mi impedisce di fare alcuni movimenti; a volte riesco a localizzarlo in alcuni punti precisi, altre volte no. Cesarini non fa una piega e mi chiede di sdraiarmi sul lettino. Mi siedo e, bloccando il braccio destro in modo che rimanga attaccato al petto, con la mano sulla spalla sinistra, faccio per stendermi, ma non ci riesco. A questo punto non ci riuscirei nemmeno con le fasciature che mi avevano fatto a marzo, senza contare che lì giocavo a pallavolo, mentre adesso non sono in grado di piegarmi.

«Giacomo, io non ti posso toccare, hai troppo dolore. Che esami ti hanno prescritto?»

«Devo fare la risonanza magnetica e l'elettromiografia il primo giugno.»

«Bene. Chiedi al tuo medico di aggiungere una radiografia al torace, perché temo che il problema sia una microfrattura a una vertebra.»

Appena fuori dal suo studio chiamo Alessia e il babbo: «Anche questo non mi ha toccato perché ho troppo male. Mi dice di fare gli esami e poi si vedrà. Mettiamoci l'anima in pace, ormai ci siamo».

I due giorni che mi separano dal primo giugno sono un martirio: l'infiammazione, sparita grazie al cortisone, si ripresenta, molto più in forma di prima. Passo le ore trascinandomi dal divano al letto, con la faccia contratta dal dolore, alla ricerca di una posizione che mi dia un po' di sollievo, senza trovarla. Il male è tremendo, non riesco a usare il braccio destro, fatico a camminare, guidare è impensabile. Carolina piange perché il suo papà, che è lì vicino – se allunga la mano lo può toccare – sembra lontanissimo. Non la prende in braccio, non gioca con lei, dice solo: «Papà ha male, non posso Carota». Come si spiega a una bambina di tre anni che il suo papà non può giocare con lei come fa di solito, che non riesce a rotolarsi sul tappeto, ma nemmeno a sedercisi? Quando vederla così diventa insopportabile la prendo, ma devo mollarla immediatamente – e non so quale dolore sia peggiore.

Il 31 maggio Alessia, per consolarci, ci porta tutti e due a fare colazione al bar Piccioni, il nostro preferito, quello con le paste buonissime. Mi avvicino al bancone per scegliere la mia brioche e mi scappa da starnutire. Cerco di bloccare lo starnuto, di tapparmi il naso, ma non arrivo in tempo. Lo starnuto esce, un po' controllato, ma esce. È una pugnalata al costato, una fiammata che mi piega in due. Mi affloscio, appoggio il ginocchio a terra, agli occhi ho i goccioloni, impossibile trattenere le lacrime. Il resto del corpo è come paralizzato, contratto, ma il fuoco non si spegne: dura dieci, quindici, venti secondi, senza scemare. Poi, lentamente, comincia a ritirarsi. Non esce: è come se il mio corpo lo assorbisse. Cerco tra la gente Alessia, seduta al tavolo con Carolina pochi metri più in là. È il mio specchio: nel suo terrore vedo il mio, e il mio sforzo di dominarmi per non far paura alla bambina.

«È indescrivibile» le dico quando riesco a raggiungerla. Siamo entrambi nel panico, pallidi, nervosi, muoviamo le mani velocemente spostando tazzine e piattini e raccogliendo ogni singola briciola del biscotto al cioccolato che Carolina sta mangiando. Mentre lei beve il succo d'arancia esco dal bar e chiamo il Doc per raccontargli quello che mi è appena successo: «Ma che cos'è? Non posso avere così male. Devo avere qualche lesione, una frattura...».

«Guarda, Jack, secondo me hai un problema alla spina dorsale. Niente di che, eh, però nulla di muscolare porterebbe queste conseguenze. Comunque, cerca di stare tranquillo che domani cos'è lo scopriamo di sicuro.»

La sera ci sarebbe la cena di Edoardo, uno dei due testimoni di Alessia. Ha una nuova fidanzata e per presentarcela ha organizzato una grigliata. Ci sono tutti: Riccardo, Luca, Fabiana... Abbiamo già confermato e non andare mi dispiacerebbe proprio. Possibile che debba darle vinte tutte alla mia schiena? Passo la giornata cercando di riprendermi dallo spavento e di ritrovare una condizione fisica accettabile. Sarà l'obiettivo, sarà l'antidolorifico, verso le otto Alessia riesce a caricarmi in macchina. Se stessi bene sarebbe una bella serata: siamo su una terrazza piena di fiori, con un profumino di carne e aromi, le stelle sulla testa. E poi tutti gli amici, e Carolina che si comporta benissimo. Edoardo è di una dolcezza sconfinata e mi ha riservato la sedia migliore, quella a dondolo, piena di cuscini.

Mi viene la febbre. Una febbriciattola da nulla: sarà la stanchezza, la fitta del mattino, questo dolore che non passa mai e che sfibra, rubandosi le mie energie.

Alle tre di notte sono ancora sveglio. La schiena, la spalla, il braccio, il costato: mi fa male tutto, nonostante i medicinali. Non trovo una posizione comoda, mi muovo in continuazione, ho paura di svegliare Alessia, che mi dorme accanto, accoccolata come fa lei sul fianco destro, con il respiro leggero e le mani sotto il cuscino.

La accarezzo per rubarla appena al sonno: «Ale, vado a dormire nel letto di Carolina, altrimenti ti disturbo, te la porto di qua».

Mi infilo nel lettino a castello di Carolina e mi sembra di essere in una culla, devo rattrappire le gambe per entrarci. Intorno, la sua camera, il tappeto peloso, i suoi disegni appesi alle pareti – una linea lunga per papà, una linea colorata per mamma, una montagna di riccioli per Carolina, sotto l'erba e il cielo in alto in alto –, i suoi libricini con le favole e i dinosauri, i soldatini, la tenda da indiano che è diventata il suo rifugio. Accoccolato come un neonato nel grembo, piango fuori tutta la mia paura: la paura di non sapere che cos'ho, quella di scoprirlo, quella di morire, quella di non rivedere più Alessia e di lasciare Carolina senza papà. Nel buio, da solo, lo confesso a me stesso. Scandisco mentalmente la parola: tu-mo-re. È un dolore diverso, che non conosco. È cupo, è profondo. Viene da lontano. È nascosto, in un punto dove i miei occhi non possono arrivare.

Tu-mo-re. Mi sento cadere nel vuoto, in un vuoto buio senza speranza che è dentro di me e non sapevo che ci fosse. È più della paura: è panico. Cerco un appiglio per uscire, lo trovo e mi ci aggrappo fortissimo. Prego la Madonna con tutta la forza che ho, come se i miei occhi chiusi così stretti da far male, e le mie mani così intrecciate, con le nocche bianche, potessero dare forza alla mia preghiera. "Non voglio lasciarle" le dico "non voglio lasciarle." La Madonna è una mamma, penso, e sa cosa vuol dire essere costretti ad abbandonare un figlio.

Il mattino porta salvezza, luce, razionalità. Meglio sapere. Lascio andare volentieri il sonno leggero che mi ha sollevato da me stesso poco prima dell'alba e mi alzo prestissimo. Alessia sente che sono sveglio, va in cucina e prepara il caffè. Io mi vesto, riunisco in un'unica pila tutte le cartelline degli esami precedenti, qualora qualche medico le volesse vedere.

Ci sediamo al tavolo della cucina, tutti e due con delle occhiaie che toccano terra. Mi guarda infilarmi le scarpe, versa il caffè per me e mi dice che è stata sveglia tutta la notte a pensare. «Senti, se anche questa volta dovessero dire che non è niente, magari» le trema la voce... «facciamo un accertamento che non sia un tumorino.»

Il mese prima le avrei risposto deciso: «Ma va'! Sei troppo ansiosa amore, non pensarci neanche». Invece mi sento dire: «Sai che questo pensiero comincio ad averlo anch'io?».

Mi pento immediatamente: «Ma vedrai che non è niente. Vedrai. Me lo sento che non è niente. Non ti preoccupare». La bacio ed esco di casa, con l'idea brutta che, se lo pensiamo entrambi, forse un fondo di verità c'è.

Durante il tragitto verso Ponte San Giovanni, dove devono farmi i primi esami, mi vengono in mente tutti i racconti da funerale di paese, che si concludono con un sospiro e la frase: «Sembrava niente, e invece era cancro». Scaccio l'idea a colpi di "Va tutto bene. È giorno, il dolore è sopportabile, scoprirò che cos'ho e guarirò". Telefono al babbo per rincuorarmi. Lui è dispiaciuto di non essere con me, ma soprattutto di non aver ancora trovato la cura giusta. È preoccupato. Come me, pensa da settimane a un problema che possa compromettere per sempre la mia carriera: mi ripete per l'ennesima volta la lista ipotetica di ernie varie, protrusioni e lesioni ai nervi della schiena, tra cui non sa decidersi. Non oso confidargli il mio pensiero della notte scorsa: se non glielo dico magari è meno vero.

Alle 8.20 sono pronto per le radiografie al torace. Ho pochissimo tempo, alle 9 devo essere in un altro posto a fare la risonanza magnetica, poi devo correre in un altro ancora per l'elettromiografia. Checché ipotizzino alcuni medici, sono convinto di non avere nessuna frattura, me ne sarei accorto. L'esame al quale tengo di più è l'elettromiografia: solo i nervi possono fare così male, solo i nervi si irradiano così come si irradia il mio dolore.

Alla reception mi indirizzano nella stanza giusta e ci trovo Nicola: bella sorpresa. Per un periodo ha lavorato in una palestra dove mi allenavo quando giocavo al Perugia.

Mi sfodera un sorriso: «Jack! Cosa fai qua?».

Gli spiego rapidamente il mio problema e gli dico che ho fretta, ho appuntamento per fare altri esami subito dopo. Lo sa già: «Collaboro anche con il dottor Nuti, il medico che oggi ti fa la risonanza, abbiamo parlato di te l'altro giorno».

Poi, rientrato nei panni di tecnico radiologo, mi fa abbracciare alla macchina. «Ok, trattieni il respiro.» Mi fa radiografie su tutti i lati, cinque minuti e ho finito.

«Nicola, dimmi la verità: vedi qualcosa?»

«No no, è tutto a posto. Vai pure da Nuti, che ti aspetta.»

«Ma sei sicuro? Nessun osso rotto, niente microfratture?»

«Non c'è niente, tranquillo.»

Mi rivesto, riprendo la macchina e chiamo Alessia: «Non hanno trovato niente. Ora sto andando da Nuti, ti aggiorno più tardi amore».

Il dottore è un uomo alto, brizzolato e dal sorriso gentile. Alle 9 precise mi accompagna dai tecnici che mi faranno la risonanza magnetica.

«Sei claustrofobico?» mi chiedono.

Rispondo d'istinto: «No, assolutamente no», anche se quell'enorme macchina bianca, lì di fianco, mi fa un certo effetto. Sembra un incrocio tra la Bocca della verità e i corridoi della Discovery.

«In ogni caso, questo è il tuo cicalino, se hai bisogno ci chiami.»

«Bene. Quanto dura più o meno?» Il mio vero terrore è

perdere l'appuntamento per l'elettromiografia. Appurato che non ho microfratture a costole o a vertebre, visto che la risonanza cervicale non ha dato risultati, questo esame mi sembra una perdita di tempo.

«Quaranta minuti e sei libero» mi dicono. Guardo l'orologio: sì, ce la faccio.

Mi sdraio e mi infilano nel tunnel. Dentro è tutto bianco. Sono scomodissimo, costretto in questo spazio minuscolo senza potermi muovere. Ovviamente mi viene prurito: alle gambe, dietro l'orecchio, al naso. Per distrarmi seguo con gli occhi le linee curve della macchina, immagino che portino altrove, cerco di cantare, di dormicchiare un po'.

A un certo punto ho la netta sensazione che i quaranta minuti siano passati da un pezzo. Non ho l'orologio, e comunque non potrei guardarlo, ma ne sono proprio convinto. Cerco di fare un conto realistico: due canzoni di Vasco, solo quelle saranno circa dieci minuti. Un po' ho dormito, un po' ho ripassato un paio di partite: per forza quaranta minuti sono passati.

Mi prende l'agitazione: se l'attesa è troppo lunga vuol dire che hanno visto qualcosa, non ha senso che mi tengano qua dentro così tanto se non c'è niente. Oppure hanno sbagliato qualche passaggio, devono rifare l'esame: in ogni caso mi fanno tardare.

Quando finalmente mi tirano fuori, per prima cosa guardo l'orologio sul muro: «Ragazzi, è passata un'ora e venti!».

«Scusaci, abbiamo avuto dei problemi all'inizio, quindi abbiamo dovuto ripetere tutto.»

«Però potevate dirmelo con l'interfono, no?» rispondo spazientito mentre mi rivesto in fretta e furia. «Comunque, tutto bene?»

«Guarda, non lo sappiamo, noi siamo solo dei tecnici. Il referto sarà pronto tra cinque o sei giorni, ti chiamerà Nuti dopo averlo esaminato.» Sono un po' impacciati, probabilmente perché sanno di avermi fatto aspettare tanto.

Monto in macchina e mi lancio verso l'ospedale, telefonando ad Alessia: «Anche la risonanza magnetica sembra non dire niente, però deve vederla il medico. Ti chiamo dopo l'elettromiografia».

In reparto mi accoglie una dottoressa che non ho mai visto. Spiego anche a lei il problema: non ne posso più di ripetere la stessa storia a decine di medici, ma sono fiducioso che questa sarà l'ultima volta. La dottoressa mi avvisa che l'esame potrebbe essere un po' antipatico, ma non mi importa: basta che capisca che cos'ho.

Mi tolgo la maglia, mi inclino e le mostro la schiena. Lei comincia a inserire nei muscoli interessati degli elettrodi ad ago. Non è piacevole, ma nemmeno un disastro. Sento un po' di scossa quando fa circolare la corrente tra un punto e l'altro, per valutare lo stato dei nervi, ma è un basso voltaggio e il fastidio è sopportabilissimo.

Mi testa il trapezio, il dorsale, tutta la zona delle scapole, e conclude: «Qua i nervi sono a posto. Il passaggio è ottimale dappertutto».

Non ci credo: «Scusi dottoressa, ma com'è possibile? Ho fatto la risonanza magnetica e non c'è niente. Ho fatto l'RX e non c'è niente. Ho fatto l'elettromiografia che, le confesso, credevo fosse l'esame risolutivo, e lei mi dice che non c'è niente. Io sono contento che non ci sia niente, ma secondo lei che cos'ho?».

«Giacomo, mi dispiace ma io non so cosa dirti. Il quadro completo non ce l'ho, però posso escludere con certezza che tu abbia un problema ai nervi: quelli funzionano tutti perfettamente.»

Una cosa è la frustrazione da panchina, quando l'allenatore ti preferisce un altro; altra cosa è questo: provare, provare, provare e continuare a sbattere la testa contro un muro. Sto male e non so perché, mio padre non sa perché, i dottori e i terapisti di cui mi fido non sanno perché. Mentre mi rivesto ed esco dall'ospedale mi chiedo se sono condannato a vivere così per sempre, tra uno studio medico e l'altro, con la schiena a pezzi, costretto a rinunciare a tutta la mia carriera, a tutto il mio mondo.

L'impotenza mi riempie di rabbia, una rabbia sorda che, se fossi ancora io, sfogherei con la palla, in campo, cercando la rivincita. Non posso farlo, non posso prenderla nemmeno in mano, la palla.

Una volta in macchina afferro il cellulare e chiamo il babbo, poi Alessia, per dire che non c'è niente di nuovo, e che bisogna ricominciare daccapo. Poi passo ai dottori: telefono a Bianchi, un ortopedico che mi aveva fatto varie radiografie al ginocchio quando giocavo a Perugia, e gli vomito addosso tutta la situazione, il dolore, la paura di sapere e quella di non sapere, il desiderio di trovare – più ancora che una soluzione – qualcuno che mi faccia da guida su questo terreno sconosciuto, che mi prenda per mano e mi indichi la strada da seguire. Bianchi cerca di tranquillizzarmi, mi ascolta con calma e mi offre il suo supporto: ovviamente, non può fare nulla di più.

Attacco e cerco in rubrica il numero del Doc. Lui mi lascia sfogare, poi decide: «Jack, manteniamo la calma. Adesso vai a mangiare, nel pomeriggio ne riparliamo».

Raggiungo la casa dei miei suoceri, che hanno tenuto Carolina mentre Alessia studiava. Provano tutti a risollevarmi: «Se non c'è niente è una buona notizia, no?». Sì, in teoria lo è, ma sono comunque sconfortato perché ormai è chiaro: qualcosa ho. Non sapere che cosa comincia a inquietarmi.

Dopo pranzo mi sdraio per fare un pisolino con Carolina. Tra la mattinata di esami che non ha portato risultati e la notte insonne sono demolito. Appena a letto, il telefono comincia a lampeggiare: è il Doc.

Scatto in piedi: «Pronto Doc, dimmi».

«Jack» ha una voce strana, «puoi andare a ritirare le lastre e il referto della risonanza, che il dottor Nuti vuole vederti?»

«Ma non dovevo ritirare tutto tra qualche giorno?»

«Sì, ma hanno fatto prima perché hanno visto... hanno visto qualcosa nella schiena... una cistina, sembra.»

«Ah!»

«E quindi vogliono darti subito gli esami. Dài, fai un salto a ritirarli, poi ci sentiamo.»

«Ok Doc, faccio addormentare Carolina poi vado. Ma dimmi la verità: c'è qualcosa che non va?»

«Ovvìa Jack, sei così giovane. Cosa vuoi che sia? Sarà una cisti, l'aspiriamo e finisce lì.»

Alessia mi guarda interrogativa, le riferisco la conversazione, poi torno da Carolina. Che si addormenta subito, come un piombo. Ed esco. Da solo.

Fuori diluvia. Fa freddo. I tergicristalli sbatacchiano l'acqua di qua e di là e sono costretto ad andare a passo d'uomo. "Qualcosa hanno visto. Finalmente. Andiamo a capire cos'è" mi ripeto, usando la curiosità come uno scudo contro la paura.

Il dottor Nuti è appoggiato al bancone della reception, mi sta aspettando. «Sintini, eccoti. Vieni, vieni.»

Il suo studio è una stanza lunga, fredda ma non asettica. Lo seguo fino alla scrivania e mi siedo su una delle seggioline da paziente, con le ginocchia che mi arrivano fino al petto. Rimango in silenzio mentre si accomoda e lo guardo interrogativo quando esordisce: «Giacomo, abbiamo un problema».

Gira lo schermo del computer verso di me. Si vede un torace, il mio, con una palla in mezzo. «Ma che cos'è?» Mi si gela il sangue. Sono figlio di un medico, lo capisco che quella cosa lì non ci dovrebbe essere.

«Guarda... dobbiamo fare altri esami, dobbiamo approfondire...»

«Su dottore, mi dica cos'è. È un tumore?» Domanda retorica, lo so. È tutto finito.

«Mi dispiace... al 90 per cento questo è un tumore. Però forse è benigno.»

«Ma è sicuro?»

«Sì, sono sicuro. Mi dispiace darti questa notizia, ma è un tumore.»

Mi ingobbisco, porto le mani al volto come se volessi asciugarmi le lacrime, ma non sto piangendo. Non riesco a piangere, ho troppa paura. Ho il cancro.

Sono scosso dai brividi. Sono le mie forze: scappano fuori, come vorrei fare anch'io, ma non posso.

Il dottore tira fuori le radiografie e me le mostra contro la finestra. Piove, ma c'è abbastanza luce perché io riesca a distinguere questa massa attaccata a una delle mie costole. Il tumore se la sta mangiando.

«Adesso dobbiamo capire che tipo di tumore è, quindi facciamo un'altra RX e un'agobiopsia.»

Mentre scrive delle cose a computer leggo la mia cartella: le dimensioni della palla sono 7x3 centimetri circa, la diagnosi è lì, nero su bianco.

Il mio tumore è un'ombra rotonda, tutta nera. Immagino che si allarghi a dismisura e divori tutto quanto: le costole, il torace, il cuore, i polmoni, me. Immagino che mi uccida. Succede: tanta di quella gente muore di cancro.

Esco dallo studio sotto choc: pensavo di avere un'ernia, una protrusione, e sarebbe stata una sfortuna. Invece ho un tumore. Mi nascondo nella tromba delle scale, sul pianerottolo, a camminare avanti e indietro di fronte a una porta scorrevole che continua ad aprirsi e chiudersi, aprirsi e chiudersi. Chiamo Alessia: «Ale, hanno trovato una massa che non ci deve essere. Mi hanno detto che sembra un tumore».

Ale rimane in silenzio, ammutolita. Quando apre bocca è per dirmi: «Chiama il tuo babbo».

«Dài, cosa vuoi che sia, forse è benigno» le dico, per convincere me stesso.

«Chiama il tuo babbo» mi ripete, e io obbedisco, come un bambino disorientato, che un ordine dato con sicurezza salva dal pianto.

«Babbo, qui hanno... hanno trovato una massa.»

«Ah! E dove?»

«Sotto l'ascella, sembra su una costola.»

«E cosa dicono che è?»

«Dicono che potrebbe essere un tumore.»

«Addirittura.» Lo scandisce lentamente, raggelato: ad-di-rit-tu-ra. Il mio papà medico che guarda con freddezza alle situazioni peggiori, perché quando ti sembrano risolvibili è allora che riesci a combatterle.

«Sì.»

«E cos'hanno detto di fare?»

«Adesso mi fanno un'altra RX all'emitorace destro. Poi dovrò fare altri accertamenti.»

Non riesco a capire se desidero di più consolarlo o farmi consolare. Decidiamo che devo richiamarlo più tardi, quando avrò anche l'altra radiografia.

Il dottore mi spedisce a ritirare tutti i referti e a fare altre radiografie da Nicola, il tecnico che ho visto per primo la mattina e che mi ha detto: «Tranquillo, non c'è niente».

«Nicola, ma tu stamattina sei sicuro di non aver visto questa massa?»

«Jack, secondo te?»

Mi mente di nuovo. Lo so, e gliene sono grato. Per avermi sorriso con la sua faccia da poker, per avermi incoraggiato e spedito ad affrontare la mia giornata senza quel pensiero: non l'avrei sopportato.

Mi consegna un malloppo di radiografie, saluto il dottor Nuti e mi infilo in macchina per andare a ritirare gli altri referti.

Piove ancora, piove fortissimo, e io ho un tumore. "Fai che non sia grave. Fai che non sia grave. Fai che non sia grave": è una preghiera, forse la dico persino ad alta voce. Non mi rendo conto: un tumore? Io? Ma quando mai? Non avevo un'ernia? Qualcosa ai nervi?

Sono stordito. Come sonnambulo. Guido, ma non ne ho la consapevolezza: è una sequenza di gesti automatici. Guardo la strada e mi sembra diversa da quella che ho percorso per arrivare fino lì; osservo il volante, il cambio, il cruscotto, i sedili – mi è tutto familiare, ma mi sembra più distante. Ne ero così orgoglioso, e in questo momento non significa niente.

Per non impazzire comincio la solita sarabanda di telefonate: comincio dal Doc.

«Daniele, ma che cos'è?»

«Dài Jack, speriamo che sia una cisti. O che sia benigno. Speriamo che non sia niente. Non ti preoccupare, non fasciamoci la testa prima di sbatterla.»

«Ok, però voglio subito un altro parere. Facciamo vedere i referti a Bianchi, che è radiologo.»

Due minuti dopo il Doc mi riferisce che Bianchi, gentilissimo, è disponibile a ricevermi anche subito, a casa sua.

Chiamo Alessia, ho bisogno che venga con me. «Ale, porta Carolina da tua madre. Io ritiro i referti e ti passo a prendere.»

Sotto il diluvio, nel traffico bloccato di Perugia, tiro fuori i referti dalle buste e li leggo a mio padre. «Papà, qua dice: "Come rilievo collaterale visualizzato nella sequenza di centratura, si segnala la presenza di formazione solida, delle dimensioni di circa 73x30 millimetri".»

Non capisco niente, ma sento che comincia ad agitarsi. «E poi cosa dice?»

«Allora: "In corrispondenza della rete toracica destra è rilevabile una tenue opacità delle densità delle parti molli, a margini mal definiti, delle dimensioni approssimative di circa 5-6 centimetri".»

«No, millimetri vorrai dire.»

«No, papà, c'è scritto centimetri.»

«Oh, cazzo!» Mi si gela il sangue: il babbo non dice mai parolacce.

«Vai avanti.»

«La lesione determina osteolisi del sesto segmento costale di destra, in corrispondenza...»

«Porca puttana.»

«Papà che cosa vuol dire? Cosa vuol dire "osteolisi"?»

«Vuol dire che si sta mangiando l'osso!» È nel panico. «Si sta mangiando l'osso! Non mi piace, non mi piace per niente. Non mi piace per niente.»

Lo ripete mille volte, «Non mi piace per niente, non mi piace per niente». Le parole mi muoiono in gola, prima di uscire. Ho freddo. Ho la felpa che Ale mi ha regalato prima che nascesse Carolina, ma non basta. Provo a fare qualche domanda al babbo ma non riesco ad arginarlo mentre dice che «sembra un osteosarcoma, un tumore dell'osso». Io non la so la differenza tra un osteosarcoma e un altro tumore:

so qualcosa dai racconti dei suoi interventi, so che ne esistono diversi tipi, non mi spavento di fronte al linguaggio dei medici, ma non lo so cos'è un osteosarcoma. Però so che se getta nel panico mio padre è il peggiore, o uno dei peggiori, comunque un bastardo. Ho un tumore bastardo che si sta mangiando la mia costola e ho freddo e c'è disordine dappertutto – la macchina è piena di fogli, di lastre stampate, di buste gialle da ospedale, di DVD.

Accosto. Le auto davanti sono ripartite e mi prende la paura di fare un incidente. Di farmi male. È uno dei cardini della vita degli sportivi: guidare piano e con prudenza, perché anche un colpo di frusta può dare problemi alla carriera.

Quando finalmente raggiungo Alessia sono ritornato in me. Le racconto da capo cosa mi ha detto Nuti, come, che faccia aveva, l'incontro con Nicola, la telefonata con il babbo... tutto. Parlare con lei mi fa bene: più vado avanti, più circoscrivo il problema.

È Bianchi, però, a dargli una forma precisa. Infila il DVD nel computer e comincia a studiare i vari referti. Poi delibera: «Ragazzi, io escluderei il sarcoma. Il sarcoma si mostra con un'immagine a esplosione, come un sole, invece questa massa è tonda. Potrebbe essere anche benigna...».

La parola "benigna" ha un effetto tranquillizzante: entrambi ricominciamo a respirare. È Ale a chiedere cosa sia esattamente un sarcoma. Nessuno di noi sa niente di differenze tra il sarcoma, il mieloma e il linfoma, di come si distinguano i tumori, della percentuale di proliferazione delle cellule tumorali... Io so qualcosa in più perché l'argomento, nella mia famiglia, è stato discusso moltissime volte, ma non abbastanza.

«Be', il sarcoma è molto infiltrante» ci spiega Bianchi. «Vale a dire che le cellule tumorali si diffondono molto velocemente. Ragazzi, però, fidatevi: non è il caso di Jack. Poi, ve l'ho detto: forse è benigno.»

Usciamo da casa sua un po' più tranquilli. Chiamo papà e gli riferisco cosa ci ha detto Bianchi. Mi sembra di sentire un respiro di sollievo, ma comunque vuole consultarsi con qualche collega specialista. Mi dice, appena a casa, di mandargli tutta la documentazione che ho, e così faccio: tiro sera attaccato al computer, a scansionare radiografie e referti e a confezionare e-mail per il babbo. E, naturalmente, a informare il Doc, che mi organizza subito una visita dal radiologo interventista: devono prelevare una parte della massa e analizzarla, per capire con certezza di cosa si tratta.

Sono spaventato. Mi sono capitate più cose nelle ultime dodici ore che negli ultimi dodici anni. È un campo nel quale non ho mai giocato: non conosco le regole. Sono impreparato: non ho mai avuto niente. Le vaccinazioni obbligatorie e le tre volte che mi sono fatto male giocando sono le uniche in cui ho visto una siringa; non sopporto i medicinali, prima di prendere una pillolina di qualsiasi tipo devo arrivare allo sfinimento. Ho sempre visto gli ospedali come luoghi miracolosi, dai quali le persone malate escono guarite, ma non mi sono mai interrogato su cosa accada realmente tra un momento e l'altro. Quanto tempo ci voglia. Alla parola "tempo" tremo: ho visto decine di film in cui dicono all'ammalato che gli resta tot "tempo". E di solito è poco.

Vado in affanno: non voglio dirlo ad Alessia, non voglio dirlo a nessuno. Non succederà, non a me. Mi fa sentire meglio il pensiero che il babbo arriverà domani, insieme a mamma. Lui conosce tutto, le regole del gioco, le parole che servono. Devo solo arrivare a domani. Continuare a torturarmi non ha senso: con il briciolo di razionalità che mi è rimasto prendo Alessia, Carolina e i nonni: «Dài, devo distrarmi. Andiamo a mangiare al lago?». Sulle rive del Trasimeno c'è uno dei nostri posti preferiti, la Maria: fa una torta al testo e dei frittini spettacolari. E si vede pure il tramonto.

Carolina è tutta contenta: adora la Maria. Per fortuna che c'è lei: ci costringe a uscire da noi stessi e a comportarci normalmente, o quasi. I genitori di Alessia hanno gli occhi grandi e rotondi, si vede benissimo che Nata ha pianto. Ordiniamo e stiamo più che altro in silenzio, sorridendo a Carolina nel tentativo di celare la preoccupazione e di evitare che si accorga che qualcosa non va.

Mentre sto per addentare la torta con salsiccia e formaggio mi telefona il babbo: «Giacomino, ho parlato con i colleghi: il sarcoma me lo escludono quasi tutti. Ed è un bene. Adesso ascoltami: stai tranquillo, mangia, dormi e domani vediamo».

Lo riferisco agli altri come se fosse una grande notizia, e in qualche modo lo è. Forse è lo choc, ma improvvisamente cominciamo a rassicurarci l'un l'altro, con la forza del nostro solido buon senso: il babbo ha confermato che non è un sarcoma, Bianchi ha detto che potrebbe essere benigno, magari basta un intervento e ci dimentichiamo di tutto... In un angolo della mia testa penso alla pallavolo, al contratto con la squadra polacca, a Bernardi che mi aspetta, ma taccio: se dico che ho paura di dover rinunciare, poi diventa vero.

4

Nonostante lo spavento, l'agitazione e il dolore, la sera crollo.

Il giorno dopo comincia presto, alle 7 del mattino: bisogna preparare Carolina e accompagnarla all'asilo. Mentre Ale imbastisce la colazione io la vesto e l'aiuto a mettersi le scarpine. Quando siamo pronti saliamo tutti e tre in macchina. Ale sintonizza la radio su Deejay, il Trio Medusa conduce un programma che di solito fa ridere, e comunque parlano talmente tanto che siamo costretti a seguirlo e distrarci dai nostri pensieri.

Ci fermiamo a prendere un caffè fuori, poi andiamo dai genitori di Ale ad aspettare i miei. Siamo affacciati alla finestra quando vediamo l'auto avvicinarsi e parcheggiare. Mia madre mi circonda con le braccia, mi accarezza il volto come fa lei, che poi mi guarda subito negli occhi. È tirata, stanca, forse non ha dormito. Per un secondo torno bambino, mi abbandono nel suo abbraccio e mi sento al sicuro, invincibile.

Guardo il babbo e realizzo che più fortunato di così non potevo essere: è mio padre, ma è anche medico. Ha tantissime risposte: gli esponiamo tutti i nostri dubbi e lui, con una pazienza infinita, ci spiega per cinquanta volte lo stesso concetto, il significato di una parola, minimizza quello che va minimizzato, considera quello che va considerato. Scarta le ipotesi più strampalate, ne formula altre più credibili. Con la sola presenza mette le briglie al nostro panico e ci insegna i tempi della medicina: oggi disponiamo di queste informazioni, per avere un quadro completo ci mancano questi dati, alcuni ce li daranno domani, altri dopodomani, altri la settimana prossima.

Il giorno dopo faccio gli esami del sangue: è tutto a posto. Buona notizia.

Il 4 giugno ho appuntamento dal radiologo interventista per la biopsia; il programma prevede, a seguire, pranzo da Anna, zia di Alessia, tutta felice perché può avere ospiti anche i miei genitori. Proviamo a declinare ma non ci riusciamo: non vogliamo allarmare nessuno prima di essere certi di cosa si tratta; la zia insiste e nessuno riesce a inventarsi su due piedi una scusa sensata.

La sera prima il babbo prende da parte me e Alessia e ci spiattella un'evidenza che entrambi cerchiamo di ignorare: «Ragazzi, io sono un papà, quindi che sia benigno me lo auguro con tutto il cuore, ma sono anche un medico, e vi devo dire che una cosa benigna non fa un casino del genere. Spero di essere smentito, ma dobbiamo prepararci. Una cosa benigna sposta: questa distrugge». Prende una delle radiografie, che ormai conosco a memoria: «Qua c'è un buco. L'osso non c'è più. Quindi, forza, ma mettiamoci in testa che andiamo a lottare contro qualcosa che così benigno non è».

Sabato mattina ci svegliamo tutti presto, anche se Carolina non deve andare all'asilo. Alessia prende la piccola e il cane e va da sua mamma; io vado in ospedale con papà.

È sempre stato papà a condurmi nei meandri degli ospedali, e questa volta mi rendo conto di essere già piuttosto pratico: non ho bisogno dei cartelli per raggiungere il reparto di radiologia. Stranamente non incontriamo nessuno che conosco, nessun fisioterapista, medico sportivo, ortopedico, tecnico: nessuno.

Chiediamo indicazioni alla caposala: «Cerchiamo lo studio del dottor Lemmi, devo fare una biopsia». Lei ci accompagna in una stanza in penombra, senza finestre. Alle pareti, metri di superfici luminose per la lettura delle radiografie.

Rimaniamo in silenzio, un po' a disagio, incerti se sederci o no. L'attesa è brevissima, pochi minuti dopo entra il dottore, magro magro, piuttosto giovane e taciturno.

«Buongiorno, datemi pure il dischetto.»

Si siede alla scrivania e inserisce il DVD nel computer. Noi alle sue spalle, in piedi, fissiamo le stesse immagini che abbiamo già guardato mille volte. Il dottore si alza, ci guarda negli occhi e ci chiede: «Voi sapete perché siete qui? Ve l'hanno detto?».

«Sì, siamo qua per fare una biopsia ossea» risponde papà.

«Bene. Sei tu Giacomo, vero? Sdraiati qua.» Mi fa togliere la maglietta e prende l'ecografo. Esamina la costola interessata e la zona tutta attorno. Passa e ripassa più volte, come se volesse realizzare una mappa dell'area, per potersi orientare meglio. Poi: «Allora signori, qui ci sono due notizie» ci dice. «Quella buona è che non è un osteosarcoma. Quella cattiva è che sicuramente non è benigno.»

«Che cos'è secondo lei?» mi sento domandare.

«Penso che sia un linfoma o un mieloma. E vi spiego perché: vedete qui?» E con l'ecografo ci mostra nello schermo la mia costola. «Questa curva che si vede non è il tumore, è l'osso che si è deformato.»

«Quindi ha intaccato il periostio e non l'osso?» interviene papà.

«Esatto.» Vari "caro collega" più tardi, Lemmi mi dice che non mi farà la biopsia oggi: «Preferisco farla quando c'è il dottor Giansanti, un mio caro amico e un eccellente anatomopatologo. Tornate martedì che facciamo tutto».

Usciamo dallo studio e mi faccio spiegare dal babbo cosa hanno detto: «Il tumore ha intaccato il periostio, Giacomo, la membrana che riveste le ossa. La costola lo contiene, quindi invece di svilupparsi all'esterno si è gonfiato verso l'interno: per questo non l'hai visto, non te ne sei accorto. Poi, piano piano, è uscito dal periostio e ha intaccato la pleura. L'abbiamo preso prima che improntasse il polmone».

«Ma come mai mi fa così male?»

«Perché la parete ossea ormai è così sottile che, se starnutisci, si crepa, si rompe. E comunque il periostio è un tessuto innervato: dicevi che il dolore si irradiava, ti ricordi? È per questo, perché da quel punto si dipartono dei nervi che sono stati intaccati.»

Di solito per non far stare Alessia in pensiero polverizzo i tempi e la chiamo appena fuori da qualsiasi appuntamento, a volte addirittura prima di varcare la porta. Questa volta non ce la faccio. «Aspettiamo, che dici?» chiedo al babbo. «Andiamo a casa e glielo diciamo a voce.» So che l'attesa è snervante, ma non posso pensare di dirglielo al telefono.

Rimango zitto, non mi succede mai. Rifacciamo tutto il percorso al contrario, il corridoio, le scale, un altro corridoio, questa volta con più luce. Poi fuori.

Fa caldo e c'è il sole. Il parcheggio dell'ospedale è pieno di alberi, se mi giro con le spalle all'edificio posso vedere il verde delle colline dall'altra parte della strada. Sembra una bella giornata: sono venuti a trovarmi i miei genitori, stiamo per andare a pranzo dalla zia, domani potremmo inventarci una gita.

Invece no. Scoppio a piangere. Il babbo mi abbraccia di corsa, come se volesse tenermi su. «Non voglio morire, non voglio, non voglio. Non voglio lasciare Carolina, non voglio lasciare Alessia. La mia bimba è piccolina, non posso morire. Non voglio morire.»

Mi sento un condannato, un morto che cammina. Mi ero convinto che fosse benigno, ci speravo. Un interventino e via. Invece è un linfoma, o un mieloma, comunque maligno. Piango come se fossi già lontano da Alessia e Carolina, costretto a guardare la mia bimba crescere dal buco della serratura, senza che lei possa vedermi, toccarmi, arrampicarsi su di me come ha fatto finora. Piango con i lacrimoni, come i bambini, ripetendo che «non voglio morire» almeno mille volte, appeso al mio papà che mi accarezza il capo, mi sorregge, senza lasciarmi cadere, e poi mi dice, in dialetto: «Giacomin, dài, cosa vuoi che sia. Vedrai che risolviamo. Non ti preoccupare».

«Venite dentro, che non ci sono buone notizie» esordisco appena arrivati a casa. Convoco la famiglia attorno al tavolo della cucina. Ho il nodo alla gola mentre cerco di ripetere ad alta voce quello che ci ha detto il dottor Lemmi. A tratti mi escono poche sillabe per volta, a tratti parole intere: le pronuncio velocemente, quasi per nasconderle nel resto del discorso. Una è "maligno". Due minuti dopo abbiamo tutti gli occhi rossi, siamo pallidi, stanchi, terrorizzati. Il babbo si riprende per primo e approfitta del silenzio per inondarci di spiegazioni tecniche sulla malattia e sui prossimi passi, per riportarci con i piedi per terra e parlare da subito delle possibilità concrete di guarigione che la medicina ci offre. Gliene sono grato, ma non lo ascolto, non ora. Guardo quelle facce – le facce della mia famiglia – per imprimermele bene in mente: la loro paura è il ritratto dell'amore.

Per una strana forma di masochismo – o forse per distrarci – andiamo lo stesso a pranzo dalla zia Anna e dallo zio Michele. Il piano è di non dire niente e decidiamo di rispettarlo, almeno fino a martedì, quando avremo in mano i risultati della biopsia. Siamo tutti pallidi e sconfortati, la zia Anna per rallegrare l'atmosfera lancia un brindisi: «Alla salute!». Alessia scoppia a piangere, si alza e corre via. Carolina mi chiede: «Perché piange la mia mamma?». La zia capisce che c'è qualcosa di serio che non va, Nata la prende da parte e le accenna qualcosa, specificando che non sappiamo ancora di preciso di cosa si tratta, per evitarmi ulteriori domande.

Nel pomeriggio chiamo Luca, il mio procuratore. È improbabile che io riesca ad andare in Polonia, è ora di informarlo. È la prima di molte telefonate che farò nelle settimane successive per avvisare amici, colleghi, allenatori e giornalisti della mia situazione. Chi non penserà a uno scherzo rimarrà senza parole, pietrificato all'altro capo della cornetta; alcuni piangeranno, altri mi diranno che non ci credono; moltissimi non troveranno il coraggio di dire nulla e mi daranno modo di rassicurarli sul fatto che combatterò.

Luca mi risponde con la solita voce profonda e accogliente, quasi da fratello.

«Luca, mi hanno trovato un tumore.»
Silenzio.
«Ancora non è chiaro che cosa sia, sto facendo degli esami. Lo sappiamo solo noi, Alessia, i suoi, i miei, i nostri fratelli: non dirlo a nessuno.»
Silenzio.
«Luca?»
«Jack.»
«Luca, ecco. Te lo voglio dire perché nel momento in cui sapremo che cos'è, dovrai aiutarmi a gestire pubblicamente questa cosa.»
Luca si rianima: mi investe di domande, chiede chiarimenti, formula qualche ipotesi sulla gestione della notizia. Gli confesso la mia speranza segreta e strampalata, e cioè tornare a giocare in quindici giorni, grazie a un bravo chirurgo toracico che faccia sparire tutto. Mi appoggia subito, è convinto che tutto si risolverà e mi dice che dobbiamo ragionare in ottica di rientro: «Jack, tu sei un giocatore di altissimo livello, dobbiamo pensare sin da ora a quando tornerai in campo, non a quanto starai lontano».
Se ce l'avessi qua di fianco lo bacerei.

Lo strumento per l'agobiopsia è una specie di siringa, con un ago molto lungo sul davanti.
Il dottor Lemmi mi fa l'anestesia, poi inserisce l'ago e preleva un campione. Fa male. Poi scende: «Se non ti faccio troppo male...» e mi fa un altro buchetto più in basso, entra di nuovo e va più in profondità. Fa malissimo. Fuori mi aspetta Alessia, cerco di concentrarmi sull'idea di lei, lì vicina.
Lemmi riversa il contenuto della siringa in una provetta e lo mostra a mio padre. «L'ho bucato molto facilmente, sono entrato come se fosse una spugna. Questo osso è una poltiglia, la massa non è dura. Io sono sempre più propenso a escludere fortemente il sarcoma.»
Mentre loro parlano da esperto a esperto, con una schiettezza abbastanza allucinante, e si avviano dall'anatomopatologo, una pietosa infermiera viene a raccattare quello che

resta di me e mi parcheggia in corsia, su una barella, con una flebo di paracetamolo che dovrebbe aiutarmi a riprendermi.

Alessia mi raggiunge e mi faccio coccolare. Con un ago infilato nel braccio, arrotolato su questo lettino troppo corto e molto stretto, esposto agli sguardi di tutta la gente che passa e vede un malato, non un giocatore, mi sento un po' sfortunato. Mi balena per la prima volta la domanda esistenziale che lo stordimento dei giorni precedenti mi ha permesso di allontanare: «Perché a me?».

Lo sto dicendo ad Alessia quando passano due genitori con una bambina down che ha più o meno l'età di Carolina. La bimba ha un tubicino al naso. L'infermiera li guarda, tutti e tre, e si lascia scappare: «Poveri genitori, ci pensate? Non ha neanche tre anni e sono quindici mesi che si cura».

La bimba è lì di fronte a me: mi guarda e sorride. Sorride felice, come Carolina, con quei sorrisi innocenti da bambini, e mi scioglie ogni briciola di sconforto, come un sole tiepido e piacevole. "Non ho il diritto di sentirmi sfortunato" mi dico. "Guarda che ingiustizie ci sono: lei ha tre anni e ha passato metà della sua vita in ospedale, e quello sfortunato sarei io?"

Faccio uno sforzo e mi tiro su, per mettermi a sedere con la schiena diritta.

Nello stesso momento torna mio padre con una buona notizia: la diagnosi definitiva ce la daranno tra qualche giorno, ma a un primo sguardo il dottore non ha visto parti ossee. Jack: 1 – osteosarcoma: 0.

I dottori mi prescrivono fiumi di gocce per dormire e pacchi di antidolorifici. Il ragionamento è: «Ora che sappiamo cos'è, non ha senso patire male e passare la notte a torturarsi».

Non ne voglio sapere. Prendo meno antidolorifici possibile, uno al giorno, due al massimo, e quando sono proprio sull'orlo di una crisi. Penso a questa cosa che cresce dentro di me, e chissà per quanto non si è fatta sentire: è una malattia così subdola che mi ritrovo a ringraziare di sentire dolore. Non ci voglio rinunciare, al mio dolore: è lui che mi ha salvato.

Contro i sonniferi alzo un muro, comincio una campagna di resistenza che porta mio padre a suggerire ad Alessia di mescolarmi le gocce alle bevande di nascosto, purché le prenda. Dovrebbero essere 13. Non mi fanno nessun effetto, così Ale abbonda, ma comunque la situazione non cambia: rimango alzato tutta la notte, alla ricerca di una posizione nella quale soffrire il meno possibile e di un'àncora che mi salvi dalla spirale di paura nella quale sprofondo appena fa buio.

La notte non c'è niente da fare. Vince lei, la paura: torno a essere il morto che cammina che piangeva nel parcheggio, abbracciato a suo padre. Guardo Carolina che dorme beata nel suo lettino e mi trovo a pensare che non la vedrò crescere, che mi perderò tutto – dal suo primo giorno di scuola al suo matrimonio –, che la farò soffrire. Penso ad Alessia quando l'ho conosciuta: stava con un altro, l'ha lasciato per mettersi insieme a me e io, ora, le sto rovinando la vita. Io morirò e lei rimarrà da sola con la nostra bambina: una vedova giovane e triste alla quale ho rubato il futuro.

Quando non mi sopporto più mi rifugio sul divano, davanti alla televisione. Negli Stati Uniti si giocano le finali NBA: guardo tutte le partite in diretta. Osservo quegli atleti che saltano, schiacciano, tirano, corrono, e mi sembra impossibile essere stato come loro.

Al mattino cambia tutto. Mi alzo, mi guardo allo specchio e sono quello di sempre: un po' pallido, un po' stanco, con le occhiaie più profonde, ma sempre il solito Jack. "Possibile che io sia malato? Possibile che io abbia il cancro?" Nonostante il dolore, i referti, l'ansia che sperimento senza sosta, le innumerevoli "gitarelle" in ospedale, tutti i medici a cui ho stretto la mano, in quel momento non riesco a crederci. Non mi sembra possibile. Io, Giacomo Sintini, ho il cancro. Me lo ripeto una decina di volte tutte le mattine, per venirci a patti: "Sono ammalato, sono ammalato, sono ammalato".

I cambiamenti arrivano all'improvviso, di solito, come il vento. Scompigliano quello che c'è e si inventano un ordine nuovo, costringendoci a adattare lo sguardo per riuscire a orientarci.

Il 13 giugno è un giorno di vento. Ricevo una telefonata.

Ho un linfoma non Hodgkin a grandi cellule B. La definizione mi si scolpisce in mente. Chiudo rapidamente la comunicazione con il dottor Lemmi, devo parlare con mio padre per farmi spiegare che roba è un linfoma non Hodgkin a grandi cellule B. «Il linfoma è un tumore del tessuto linfatico, Giacomo. Però qualche volta può capitare che sorga al di fuori dei linfonodi, ed è il tuo caso.» Che fortuna, eh?

C'è dell'altro. Il mio babbo ha gli occhi lucidi: «Giacomin, devi prepararti a lunghi cicli di chemioterapia. I linfomi si curano così. Non c'è un intervento chirurgico che possiamo fare, se non per salvare un organo già compromesso. Dobbiamo prepararci a una cosa molto lunga. Quindi...» ci mette un po' per trovare il coraggio «ti devi fermare.»

È una botta. Irrazionalmente, fino a quel momento avevo pensato di riuscire a partire per la Polonia, con Ale e Carolina, come sempre. Forse un po' in ritardo, ma come sempre. Invece non è possibile. Qualche mese fa mi sarei arrabbiato, avrei strepitato per l'ingiustizia, telefonato a Luca perché trovasse una soluzione. Ora sono abbattuto. Sto lottando per la vita, non per la carriera. Più che altro, ho paura. Ho paura di non tornare più a giocare, di quello che mi succederà nei prossimi mesi. Io non lo so cosa succede a chi ha il cancro: so quel poco che sanno tutti – si perdono i capelli, si diventa magri magri, si perdono le forze. Poi alcuni guariscono e altri no.

Guardo Peter e non so quando e se potrò palleggiare di nuovo.

È Alessia a dirmi: «Dài, amore, adesso sappiamo cos'è, combattiamo. Chiama Luca, digli che dobbiamo scrivere un comunicato e poi lo leggiamo insieme».

Prendo il telefono controvoglia e dico a Luca che è arrivato il momento di rendere pubblica la mia malattia. Nel giro di un'oretta mi arriva tra le mani la sua proposta. Mi commuove. Luca l'ha scritto come se la mia battaglia fosse già vinta e stessi già cercando squadra. Facciamo alcune modifiche insieme e lo spediamo a qualche testata: uscirà domani. Ora dobbiamo darci da fare per chiamare tutti i parenti e gli amici più stretti prima che lo scoprano dalla stampa.

Ci attacchiamo ai telefoni. La mamma chiama sua sorella, il babbo tutti gli zii, i nonni.

Io chiamo i miei fratelli, Tommaso e Mattia. Naturalmente sanno già tutto, li ho informati passo passo, ma in questo momento ho bisogno delle loro voci. Ho bisogno di sentirmi "normale", e se c'è qualcuno che può aiutarmi sono loro. Per Tommaso e Mattia sono semplicemente Giacomo, quello di mezzo, quello scatenato, quello vagabondo, quello maniaco della pallavolo trecento volte più di loro – anche se ci giochiamo tutti e tre. Non sono quello che è riuscito ad arrivare in serie A: non ci sono invidie, rancori o altre scemenze del genere, tra noi. C'è un affetto profondo e giocoso, che ci permette di sdrammatizzare quando è il caso e di condividere i pesi, sicuri che avremo sempre un passato comune cui tornare – la radice del nostro rispetto e del nostro volerci bene. Li chiamo e succede: mi trattano come sempre, non come "Giacomo, il mio povero fratello malato di cancro". Mi ascoltano con attenzione ancora una volta. Sono impressionati e spaventati tanto quanto gli altri, ma la loro convinzione che guarirò è assoluta. Come quella che tornerò a giocare.

Parlare con loro mi fa bene. Raccolgo energie a sufficienza per riuscire a chiamare gli amici.

Il primo è Emanuele, il mio migliore amico da quando abbiamo sei anni, compagno di scuola, di beach volley, di serate in discoteca, in bicicletta e di colazioni alle 5 del mattino, sentendoci grandi e frementi di fronte all'immensità del mondo. È il mio confidente, il testimone dei miei primi amori e di tutte le scemenze che ho collezionato negli anni. Magari non ci sentiamo per sei mesi, ma ci conosciamo talmente bene che è come se ci fossimo lasciati un momento prima.

Il mio amico non afferra subito. «Lele, mi hanno trovato un tumore.»
E lui: «Un tumore?! A chi?».
«Lele, a me.»
«A chi? Non ho capito a chi.»
«Lele, l'hanno trovato a me. Mi hanno trovato un tumore al sistema linfatico.»
Non ci crede. Nessuno di quelli a cui telefono ci crede al primo colpo. Riccardo, un amico di Perugia, pensa addirittura a uno scherzo: «Chi? Tu? Dài, non scherzare».
«Davvero, ho un tumore al sistema linfatico.»
«Ma dài, non è vero, è uno scherzo.»
«Riccardo, scusa: secondo te sono il tipo che fa uno scherzo del genere?»
Chiamo Damiano Pippi, Vigor Bovolenta, altri compagni di squadra, colleghi, amici giocatori. Tutti prima rimangono zitti, poi si dicono dispiaciuti, mi rassicurano, si mostrano convinti che lo sconfiggerò, che in pochissimo tempo ne sarò fuori, mi chiedono di aggiornarli man mano, ma lì per lì vogliono chiudere velocemente le comunicazioni.
Se capitasse a me di ricevere una telefonata del genere, chissà come mi comporterei. Non mi è mai successo, non così. Probabilmente scapperei: la malattia fa paura, i malati fanno impressione, soprattutto quando ci assomigliano tanto e conducono una vita così simile alla nostra che potremmo quasi essere loro.
Avvisare Bernardi mi costa. È dire addio definitivamente alla speranza di risolvere tutto subito e di tornare alla vita di prima in men che non si dica. Voglio farlo perché credo che abbiano diritto, lui e la società, di sapere dalla mia voce cosa sta succedendo, prima che escano i giornali. Mi risponde quasi subito.
«Ciao Lollo, Jack. Ho una cosa da dirti.»
«Dimmi.»
«Eh, non posso venire in Polonia. Devo curarmi.»
«Cosa?»
«Fammi finire. Mi hanno trovato un tumore al sistema

linfatico. Ti prego di mantenere totale riserbo fino a domani mattina, quando uscirà il comunicato stampa. Devi cercare un altro palleggiatore, io non posso venire.»

Lo sento mettere il telefono da parte un attimo, silenzio totale, poi dirmi: «Posso chiamarti fra cinque minuti?».

«Va bene. Chiamami fra cinque minuti.»

È sconvolto. Lollo Bernardi è un uomo molto forte. La vita l'ha messo alla prova e lui si è costruito una sorta di armatura che lo protegge e lo fa sembrare più duro di quello che è. La mia notizia è passata attraverso quella armatura, e lui fa così quando succede: prende qualche istante per sé, poi richiama.

«Non ti preoccupare» mi dice pochi minuti dopo. «Grazie per avermi informato. Non lo dico a nessuno. Mi raccomando, auguri. Fammi sapere.»

Il giorno dopo il comunicato esce su tutti i giornali e i siti sportivi.

> Scrivo queste poche righe per informare tutti (allo stesso tempo) che sono costretto a interrompere l'attività agonistica per un periodo di tempo ancora non ben definito. A seguito di problemi nati nel corso della stagione appena conclusa, ho svolto accertamenti dopo il campionato. Le analisi hanno evidenziato la presenza di un tumore del sistema linfatico. La sospensione dell'attività si è resa necessaria per potermi sottoporre alle più adeguate terapie mediche allo scopo di risolvere il problema in maniera definitiva e il più velocemente possibile. Ciò mi impedirà di giocare nel campionato polacco con la squadra dello Jastrzebski Wegiel. Sono più che mai fiducioso e motivato a tornare presto sui campi e ringrazio fin da ora tutte le persone che saranno al mio fianco in questa importante "partita". A presto.
>
> *Jack Sintini*

Scoppia un pandemonio. L'ambiente della pallavolo è piccolissimo. Mi ci sento a casa da sempre, ma in questo momento, davvero, mi rendo conto che è come una grande, seconda famiglia. Il cellulare esplode di messaggi e chiamate: sono di giocatori, allenatori, amici, colleghi, giornalisti, persone che ho incontrato o solo sfiorato negli anni, che vogliono incoraggiarmi e starmi vicino.

Decido di tenere tutti i messaggi.

"Forza Jack, ti siamo vicini in questa dura prova, pregheremo per te e la tua famiglia" mi scrive l'allenatore di Piacenza, Luca Monti.

"Di questa brutta avventura, l'unica cosa che mi rassicura è che la combatterai con la grande grinta che ti ha sempre distinto! Jack non mollare mai! Mai! Duro più che puoi! Ti sono davvero vicino con tutta la mia famiglia!" dice Simone Bendandi.

"Ciao Jack, mi è giunta la notizia. Sono convinto che lotterai come un leone. Sono ancora più convinto che ce la farai": questo è di Dragan Travica.

Daniele De Pandis mi scrive: "La vita è una lotta continua: ostacoli, difficoltà... questa per te sarà solo l'ennesima battaglia, e tu la vincerai, ne sono sicuro. Io sono e sarò al tuo fianco in ogni momento, per sorreggerti e spronarti ad andare avanti. Non mollare mai, stai giocando la partita della tua vita: gioca per vincere come hai detto sempre a me!!!".

Impossibile non citare l'SMS di mio cugino Luca: "Che malattia di merda! Falle vedere chi è abituato a vincere!".

Nessuno dei giornalisti che mi chiama per salutarmi e dirmi in bocca al lupo fa domande inopportune o cerca la notizia esclusiva, lo scoop. Ho sentito il bisogno di dire la verità per evitare che girassero false notizie. Volevo che ci fosse una versione ufficiale, la mia. E sono grato a tutti per averla rispettata.

Un paio di giorni dopo succede una cosa. Mi chiama Cristian Savani, il capitano della Nazionale, mio ex compagno di squadra a Perugia: «Jack, mi raccomando, stasera guarda la partita di World League». Giochiamo contro la Francia, dopo sei vittorie consecutive. Ne parlo con Alessia: Cristian non può sapere la fatica che mi costa seguire la pallavolo come facevo prima, sicuramente vuole coinvolgermi, è un bel gesto. Le tocca insistere un pochino: «Dài amore, se dice così un motivo ci sarà», e mi porta fuori, a guardarla al bar. Al momento dell'inno i ragazzi scendono in campo con uno striscione enorme con scritto: "Forza Jack". Mi lasciano senza parole: mi commuovo e mi alzo in piedi, in mezzo al bar, indico la televisione e mi giro verso Alessia, tutto sorpreso. Lei ha gli occhi rossi. Gli avventori ci fissano come se fossimo matti. Forse, un po', hanno ragione.

5

Il 16 giugno andiamo in formazione compatta a ritirare il referto. Io, il babbo, Alessia. C'è scritto: "Lesione ovalare a margini netti di mm 73x30x41 con scarsa vascolarizzazione. Fustoli interamente tumorali, costituiti dalla monotona proliferazione di elementi linfatici atipici di grande taglia".

Faccio le scale a fianco di mio padre, come quando ero bambino. Lascio scivolare la mano sulla parete verdolina fino a metà, sulla parte liscia, quella con la vernice lavabile. Un paio di piani e si schiudono di fronte a me le porte del reparto di Ematologia. Che per me ha la faccia del dottor Flavio Falcinelli.

Ci accoglie nel suo studio, una stanzetta gialla stretta e lunga, con una scrivania spoglia alla quale si vede che si siede raramente. Ha i tacchi delle scarpe consumati dal gran camminare tra una stanza e l'altra, un paziente e l'altro. È alto quasi quanto me, gli occhi dolci e stanchi rintanati dietro gli occhiali, le grandi spalle curve sotto il peso delle malattie altrui. Mi stringe la mano: ha una manona grande e calda. Il babbo gli mostra il faldone di documenti che ci trasciniamo dietro, al quale ha aggiunto il referto dell'anatomopatologo. Lui legge tutto con cura e attenzione, poi mi guarda come se volesse abbracciarmi e mi dice: «Ok, Giacomo. Dài, questa è la diagnosi» e inciampa sulla "s", come Paperino. «Adesso ti faccio un regalino.» E ride: «Devo farti una biopsia ossea, per capire come sta il tuo midollo». Io, nella mia ignoranza, non ho idea di cosa sia. Per fortuna.

«Poi, Giacomo, dovrai depositare il seme...» Lo fisso interrogativo, per incoraggiarlo a finire la frase. «... perché con grande probabilità le cure che dovrai fare ti renderanno sterile. Ora, però, andate a mangiare. Mangia leggero, poi, verso l'una e mezza, le due, tornate qua.»

Esco dallo studio di Falcinelli insieme ad Alessia: le tengo una mano attorno alle spalle, o forse è lei che mi sorregge. Siamo un po' impauriti, ma non facciamo in tempo a cominciare a parlare degli altri bimbi che vorremmo, che il dottore ci richiama per presentarci il suo maestro, il professor Martelli, un gigante dell'Ematologia. «Veglierà anche lui sul tuo caso, Giacomo» mi spiega. Gli stringiamo tutti la mano e scopriamo un uomo dal sorriso buono. Il pensiero che questo sapiente mi seguirà da lontano mi fa sentire un po' più al sicuro. Quando Falcinelli e Martelli si allontanano, Ale e io rimaniamo piantati in mezzo al corridoio, come storditi: stanno succedendo troppe cose, tutte insieme. Il babbo ci dà due belle pacche sulle spalle e ci riporta con i piedi per terra.

«Ale, su, tu vai che io porto Giacomo al bar. Dopo ti aggiorniamo.»

Alessia mi bacia e schizza all'università: non so come, è riuscita a studiare procedura civile e non vuole perdere la sessione.

Io e il babbo andiamo in un baretto vicino all'ospedale a sbocconcellare un sandwich.

Per quanto si possa essere entusiasti di qualcosa in una situazione simile, lui lo è: «Giacomo, ho proprio la sensazione che siamo nel posto giusto» mi fa. Quando abbiamo saputo di cosa si trattava, mio padre ha telefonato a tutti gli oncologi che conosceva e tutti gli hanno confermato che a Perugia c'è un centro di eccellenza, ancora meglio: un centro di eccellenza pubblico. «Ok» si è detto, «proviamo.» Ora ne è certo anche lui: non solo per l'umanità della persona che ci siamo trovati davanti, ma perché ha potuto entrare nel reparto che ci interessa e dare un'occhiata al suo funzionamento. Ciascuno ha un compito preciso e lo svolge con rapidità ed efficienza, senza togliere spazio all'attenzione nei confronti dei pazienti e dei loro accompagnatori. «C'è sinergia» mi dice, «un po' come in campo.» Le sue parole mi rassicurano, caso mai ce ne fosse stato bisogno dopo aver visto in faccia il dottor Falcinelli.

Passiamo al nostro sport preferito degli ultimi giorni, cioè parlare continuamente di cose pratiche: che panino preferisci, cosa vuoi da bere, quanto tempo ci si impiega per tornare al reparto dal bar, telefoniamo alla mamma, programmiamo i prossimi passi. Falcinelli gli ha detto che dovrò fare degli esami del sangue per controllare i marker tumorali, poi una PET e un'altra TAC, per rilevare la presenza di altre masse (altre "localizzazioni", le chiama lui) e capire se sono benigne o maligne. Poi, esami alla mano, torneremo da lui.

Pianificare, organizzare, predisporre: attività che in qualche strano modo ci calmano. Sappiamo di cosa si tratta. Le poche informazioni che abbiamo ci salvano dal baratro dell'incertezza dei giorni precedenti. Combattiamo l'ansia e il panico con una sorta di fibrillazione perenne: dove c'è un problema c'è anche una soluzione. In questo caso, una cura. Dobbiamo schierare i nostri soldatini sul tabellone del Risiko e, se vogliamo che siano imbattibili, dobbiamo fare tutto con ordine.

Un paio d'ore più tardi siamo di nuovo in reparto, seduti di fronte alla porta dell'ambulatorio F, in attesa del mio turno. Accanto a me ci sono Alessia, con un nuovo voto sul libretto, e il babbo. Il corridoio è colorato, le pareti tappezzate di frasi ispiranti e belle fotografie. Di fianco alla porta dell'ambulatorio c'è scritto: "Dio mette gli uomini alla prova con ostacoli e difficoltà per farli crescere". Mi torna in mente la mia ultima confessione, le parole di quel frate, "Dio ti insegnerà l'umiltà", che non ho più rivisto.

Ci sto riflettendo quando sento un urlo provenire da

dietro la porta: «Nooo! Oddiooo!». Mi si gela il sangue. Accanto a me è seduta una ragazza un po' imbarazzata. La guardo: «È mio padre».

«Ma cosa gli stanno facendo?»

«Gli stanno prelevando il midollo.»

«Oddio.»

Un altro urlo straziante, poi silenzio.

Dalla porta si affaccia una dottoressa: «Sintini».

Vorrei scappare, ma la fuga non è un'opzione. Mi alzo, terrorizzato, ed entro nella stanza a piccoli passi, cercando di guardare il babbo e Alessia fino all'ultimo. I medici sono tantissimi, sorridono, non sembrano spietati torturatori. Nel dubbio, però, meglio accertarsene: «Scusate, ma all'uomo che urlava cosa avete fatto?».

«Ma no...» minimizzano. «Ha esagerato, addirittura ha urlato quando gli abbiamo fatto l'anestesia!»

Non posso fare altrimenti, quindi mi sdraio. La dottoressa Falsetti mi spiega che devo mettermi in posizione fetale: mi anestetizzeranno la zona della cresta iliaca, poi entreranno con un ago e preleveranno il midollo. L'istinto mi dice che il signore non urlava per caso, ma la testa non ne vuole sapere: non sarà troppo dissimile dalla biopsia che ho già fatto, no?

I medici mi vedono teso e provano a sdrammatizzare: «A questo bel ragazzo ci penso io!» dice una donna.

«No, no: tutte le volte che ci sono delle ragazze fate voi. Questa volta faccio io» risponde un dottore.

Non riesco a ridere: ho la faccia rivolta verso il muro, non vedo niente a parte due persone in camice che mi stanno davanti, una regge un cartoncino, l'altra un bicchiere d'acqua zuccherata. Una terza persona è alle mie spalle, pronta a fare non so cosa.

La dottoressa mi avvisa che sta per cominciare: «Adesso ti faccio l'anestesia. Brucerà un pochino». Procede, sopportabile.

Dopo qualche istante mi accorgo che ha fatto un taglio con il bisturi e non ho sentito nessun dolore. Divarica la carne e lascia l'osso esposto.

«Adesso devo entrare con l'ago.»

Quello che lei chiama "ago" è una specie di trivella, una lunga "vite" sottilissima, con tanto di impugnatura a una delle estremità perché la dottoressa possa fare forza: deve inserirla con lo stesso movimento di un cavatappi, poi svitarla, estraendo così una porzione d'osso. Solo a quel punto avrà libero accesso al midollo.

È bravissima e pietosa. Procede piano piano, ma ho trentadue anni, tumore a parte sono nel pieno della salute, uno sportivo dall'alimentazione sempre controllata, abituato a prendere persino gli integratori alimentari: il mio osso è durissimo.

Il dolore è tremendo. Capisco a cosa servono l'acqua zuccherata e il cartoncino: la prima per evitarmi di svenire, il secondo perché non mi faccia male mentre stringo i denti. La donna alle mie spalle mi accarezza la testa, mi ripete: «Stai tranquillo, stai tranquillo, tieni duro». Sudo freddo, forse tremo, non voglio urlare ma non resisto. La fermo: «Basta, basta».

La dottoressa è paziente: «Vado quando me lo dici tu». Gira un paio di volte, la imploro di fermarsi. Qualche attimo di sollievo, bevo un sorso d'acqua, poi riprendo il cartoncino: «Sono pronto, vai» e lo mordo.

Quando arriva in fondo sono passati non so quanti minuti, e siamo solo a metà. Ora la carota d'osso va tirata fuori: l'ago deve fare la strada al contrario. Sto per svenire ma non voglio: ho il terrore di perdere il controllo della situazione e di non sapere cosa mi succede. Chiedo altra acqua zuccherata, me la portano. Riesco a rimanere cosciente mentre la dottoressa estrae l'ago.

«Adesso c'è l'ultima cosa da fare» mi dice. Con un ago più sottile deve prelevare il midollo: è un dolore che non si può dire. Resisto con l'idea che ci siamo quasi. Alla fine mi mostra la provetta con dentro il mio midollo. Mi danno qualche punto, mi medicano la ferita e mi spediscono fuori.

Esco, bianco come la porta, sudato, pesto. Zoppico, non riesco a stare diritto, mi fa male tutta la gamba destra, la schiena, il sedere. Ale e il babbo mi si affiancano e mi sostengono. Cerco di tranquillizzarli: «Ho fatto, ho fatto. Andiamo a casa».

Facciamo tutto il viaggio in silenzio, io sdraiato sui sedili di dietro sul lato sinistro, impossibile anche pensare di appoggiare la schiena ai sedili. A casa bacio mamma e Carolina, poi mi butto sul letto, al buio, a tentare di riposare e di dimenticarmi tutto quel dolore. Il corpo non dimentica così in fretta, però. Non è la ferita a farmi male: i punti tirano, il sedere è indolenzito, la gamba fatica a muoversi, tutto lì. Per ore risento l'ago che entra e che esce, lentamente – un giro, un po' di sollievo, un altro giro, un respiro.

Non ho mai provato nessun sentimento nei confronti della strumentazione medica: non ne ho mai avuto bisogno, non mi ci sono mai misurato, in larga parte non so nemmeno come si chiamino tutti gli attrezzi che vedo comparire e scomparire, sterili, fuori e dentro sinuosi piattini di metallo.

Questi sono giorni in cui mi armo di parole nuove, e imparo a conoscere alcuni "amici". Gli aghi, per esempio: sono bacchette magiche, anche quello per il prelievo del midollo. Senza, mi mancherebbero migliaia di informazioni. Il giorno dopo è il turno del braccio: esami del sangue, ormai una banalità. I marker tumorali risultano tutti negativi: buona notizia. Ci arriva domenica mattina, appena prima di andare a messa. Cerchiamo di comportarci come al solito, per Carolina e per allontanare pensieri ingombranti.

Uno su tutti: la pallavolo. Non riesco a leggere le notizie sull'argomento, e se mi imbatto in una partita in TV cambio canale. Non riesco a pensare all'eventualità che il mio mondo non mi riguardi più, che la malattia mi costringa in panchina per sempre.

L'altro: la banca del seme. Mi aspettano domani mattina, prima di andare a Foligno per la PET e la TAC.

Oncologicamente parlando, quando c'è fretta diventa

normale anche che un paziente al mattino depositi il seme e al pomeriggio si faccia fotografare tutti gli organi interni alla ricerca di tumori: il calendario lo consente, il corpo anche, quindi perché no? Io di fretta ne ho parecchia, ma non mi sono ancora abituato a considerare il mio corpo come qualcosa di diverso da me.

Il lunedì mattina esco di casa insieme al babbo, con un muso lungo così. Subito passiamo alla banca del seme, poi, in un silenzio accogliente del quale sono molto grato a mio padre, puntiamo dritto a Foligno.

Tra la PET e la TAC total body rimaniamo negli ambulatori un'eternità. Mi iniettano un isotopo radioattivo e cominciano a scrutare dentro ogni piega dei miei tessuti. Nel frattempo papà mantiene un collegamento diretto con Alessia e gli altri. Per sdrammatizzare scommettono sul numero di lesioni che posso avere: «Secondo te quante ne ha in tutto?».

«Io dico cinque!»

«No, io dico sei!»

Vince il babbo, con cinque. Il linfoma è diffuso, oltre alla massa grande sulla costola ne ho altre quattro: una nella milza, due nell'intestino e un'altra più piccola che rilevano con fatica. Tutte attive e ad alto grado di malignità. Il rischio principale, però, è che una di queste si trovi nel colon. In questo caso, potrebbe trattarsi di un altro tumore, indipendente dal linfoma che si è diffuso altrove.

Ci fanno tornare il giorno dopo per una risonanza magnetica specifica. Impieghiamo cinque ore, ma guadagniamo un'informazione: il colon non è intaccato, la massa è nell'intestino tenue, dunque compatibile con la mia patologia.

Com'è possibile che io fossi pieno di tumori senza essermene accorto? Quando si sono formati? Che cosa può averli causati? Sono queste le domande che mi tengono compagnia la notte. Continuo a non dormire, pregare, sfiorare le crisi di panico e schivarle alzandomi dal letto e piazzandomi davanti alle finali NBA. E continuo a disperarmi perché non so se tornerò mai più in un campo, se potrò di nuovo giocare, se riuscirò a riprendermi la mia vita di prima.

Di giorno quei tumori tornano a essere "localizzazioni extra nodali asintomatiche". Lo sport mi ha insegnato a essere pragmatico: in una stagione, in una partita, sono mille le cose che possono andare storte e che sono fuori dal tuo controllo. Tu devi concentrarti su quello che puoi fare, senza perdere tempo ed energia sul resto.

Di giorno ce la faccio. Di giorno mi concentro su quello che posso fare: messa da parte la pallavolo e sistemata la faccenda con il comunicato, non mi resta che guarire.

Per guarire devo prima capire che cos'ho: fatto.

Poi devo depositare il seme: fatto.

Poi devo capire se ci sono altre lesioni: fatto.

Faccio tutto quello che mi dicono di fare, al meglio delle mie possibilità. E a domani ci penserò, appunto, domani, dopo, più tardi, quando ci sarà un programma concreto.

Comincio a segnare tutto sul calendario del computer: date, esami, terapie. Divento quasi maniacale. Voglio ricostruire tutta la storia dall'inizio, poterla ripercorrere con ordine, sapere con esattezza cosa è successo e quando.

E poi non vedo l'ora di iniziare le cure. Ora che so che cos'ho, voglio attaccare.

Il 22 giugno è la volta dell'ecocardiografia, per capire se il mio cuore regge la chemioterapia. La regge.

Con l'ennesimo referto, da Cardiologia saliamo in Ematologia, dove ci aspetta Falcinelli. La situazione è grigia: gli stadi del cancro sono quattro, e il mio è al quarto stadio, perché presenta più localizzazioni e le masse sono grandi.

Quando ero piccolo mia madre mi diceva sempre: «Giacomo, quando ti muovi fai le cose troppo per bene». Non per essere retorico, ma quanto aveva ragione! Tutto al massimo, altrimenti niente.

Il dottore ci spiega cosa sarà di noi da domani in avanti. I farmaci che mi somministreranno provocano l'abbassamento dei globuli bianchi e dei globuli rossi, delle piastrine, inibiscono la riproduzione di tutte quelle cellule che si riproducono molto rapidamente, come quelle dei capelli o delle mucose. Gli effetti collaterali discendono tutti da qui. Inoltre, sono cardiotossici e nuocciono ai polmoni. Loro mi terranno costantemente controllato – dovrò fare spesso esami del sangue, elettrocardiogramma, ecocardiogramma, spirometria, radiografie ai polmoni; noi, a partire da questo pomeriggio, dovremo inserire nella nostra routine una serie di commissioni che mi riguardano: dovremo passare spesso dal medico di base per ritirare le impegnative e le ricette, passare in farmacia per acquistare i medicinali, prenotare i prelievi a domicilio.

Vedo Alessia tirare fuori un'agenda dalla borsa e cominciare a prendere nota di tutto: posti, nomi, orari. A Falcinelli scappa un sorriso: «Ecco le donne, guardale. Come mia moglie, un killer».

Quando finisce di parlare guarda l'orologio, è ora di andare dal professor Falini. Lo seguiamo per i corridoi dell'ospedale, prima giù per le scale, poi attraverso un cortile interno e poi di nuovo su, fino al laboratorio di Ematologia, dove il professore conduce le sue ricerche. Ci siamo informati: è un luminare di fama mondiale.

Me lo immagino enorme, ancora più alto di me e di Falcinelli, magari con la barba e i capelli vaporosi, come Einstein. Il babbo ci ha preparato in anticipo: «Ragazzi, ci dirà delle cose che non ci piaceranno tanto. Deve esporci anche la peggiore delle ipotesi, quindi non può essere ottimista. Può formulare una sua previsione, sulla base dell'esperienza, però sarà un po' crudo. Quando comunichi delle diagnosi del genere devi fare così. Per legge il medico deve essere chiaro e onesto. Quindi, lo sarà».

Il laboratorio è una stanza bianca, piena di tavoli sui quali trovano posto microscopi, provette, vetrini. Entriamo in punta di piedi, deferenti, quasi intimoriti.

Falini è tutto diverso da come l'avevo immaginato: è elegante, deciso. Sulla cinquantina, altezza normale, pochi capelli, molto carisma. Stringe per prime le mani mia e di Alessia e ci guarda negli occhi. Ci inquadra: moglie, marito, giovani. Sta decidendo come dircelo, con quali parole, con quale tono.

Quando apre bocca è eccezionale: «Ragazzi, siamo di fronte a un linfoma atipico. Tutte le localizzazioni sono extranodali. Al quarto stadio. È una situazione un po' complicata. La cura è chemioterapica, non esistono altre uscite. Domani iniziamo la terapia di prima linea. Con il rituximab, che è un anticorpo che migliora la precisione delle chemioterapie: nel tuo caso possiamo usarlo e quindi lo useremo. Dopodiché, fra due cicli...».

«Facciamo tre?» suggerisce Falcinelli, che avrei scoperto nel tempo essere molto protettivo.

«Fra due-tre cicli faremo un controllo precoce, per vedere se la malattia risponde. Se non risponde dobbiamo cambiare terapia. Se non dovesse andare bene, passeremo alla seconda linea e, eventualmente, all'auto-trapianto. Io credo, però, che nel tuo caso arriveremo all'auto-trapianto. Perché la situazione è molto delicata.»

La deferenza va a farsi benedire e chiediamo un milione di informazioni: cosa vogliono dire "prima linea" e "seconda linea", cos'è l'auto-trapianto, se ci sono buone notizie.

«La prima linea è una chemioterapia standard, diciamo così, che nel 60 per cento dei casi riesce a eradicare fino all'ultima cellula tumorale» ci spiega Falini. «A te somministreremo una combinazione di farmaci secondo il protocollo R-CHOP, e cioè ciclofosfamide, vincristina, adriamicina e prednisone, più l'anticorpo che ti ho detto, il rituximab. Il ciclo dura qualche ora, in day hospital, poi ti mandiamo a casa. Il ciclo successivo te lo somministriamo dopo una ventina di giorni, quando siamo sicuri che il tuo corpo lo regge. Purtroppo, i farmaci non sanno discriminare tra le cellule malate e quelle sane, quindi ci saranno un po' di effetti collaterali sulle cellule che proliferano velocemente, come quelle dei capelli.»

«E la seconda linea professore?»

«Dopo due-tre cicli, dicevo, faremo una valutazione precoce. Se dagli esami risulterà che la terapia di prima linea non ha distrutto tutte le cellule tumorali, allora cambieremo strada. E questa strada sono le terapie di salvataggio, o seconda linea. Cambiamo regime di farmaci e te li somministriamo in ospedale, nell'arco di tre giorni. La verità è che è difficile che si riesca a ottenere una guarigione in questa fase: con le terapie di salvataggio miriamo più che altro a guadagnare un vantaggio sulla malattia, riducendola ulteriormente, e puntiamo a raccogliere le cellule staminali per l'auto-trapianto. Che è una procedura più potente della chemioterapia convenzionale, perché può superare tutte le barriere di chemio-resistenza delle cellule tumorali. In questo caso si viene ricoverati, tre o quattro settimane, a seconda di come reagisce l'organismo, se ci sono complicazioni oppure no... Adesso, però, non pensiamo a queste opzioni: concentriamoci su domani e il primo ciclo.»

D'accordissimo: fermiamoci qui. Sono frastornato, ho capito pochissimo, ho seimila cose da chiedere al babbo. Vorrei fare un'ultima domanda, ma non oso. È il babbo a prendere il coraggio a due mani e a chiedere: «Ma quante possibilità di guarigione ci sono, professore?».

«Grazie dottor Sintini. Il fatto che le cellule tumorali di Giacomo proliferino velocemente è paradossalmente una buona notizia. Ora che l'abbiamo preso, se risponde alle terapie è più facile da colpire rispetto ai tumori che si riproducono lentamente. La situazione, come vi ho detto, è complessa, però abbiamo almeno il 60-65 per cento di possibilità che la chemioterapia funzioni.»

Se siamo in dieci in una stanza, quattro muoiono. Non è una percentuale così consolante. Poi, però, Falini pronuncia la parola magica: «Ricordatevi di una cosa: noi non miriamo alla sopravvivenza, miriamo alla guarigione. E in termini oncologici è una bella differenza: in un caso si sopravvive anche con la malattia, che diventa cronica, mentre qua io voglio andare a guarigione».

Guarigione: sentirla mi fa bene, come un bicchiere d'acqua fresca. So dal babbo che ci vogliono anni per considerarsi guariti: anche quando la PET non dà segni di vita tumorale e non c'è traccia di masse, si dice che la malattia è "in remissione", finché non si è proprio sicuri sicuri che non si ripresenta. Una qualche cellulina tumorale pronta a riprodursi, non rilevabile dagli esami, potrebbe sempre esserci. Ma se Falini usa la parola "guarigione" vuol dire che è ottimista, anche se non può mostrarsi tale. O almeno lo spero.

Usciamo dall'ospedale inseguiti da uno sguardo lungo di Falcinelli che assomiglia tanto a una carezza. Gli abbiamo chiesto quali saranno gli effetti collaterali e ci ha risposto: «Eh, i capelli cadranno...».

Non so quanto ci vorrà, forse due settimane, forse un mese. Decido di rasarmi a zero. Subito. Quello stesso giorno.

Non vogliamo che Carolina si spaventi quando mi vede tornare a casa con un millimetro di peluria in testa, quindi le diciamo che, per un po', papà giocherà a fare il pirata: «Mi taglio tutti i capelli e mi metterò una maschera!». Mia figlia è un maschiaccio, per i pirati va pazza. Invece di domandarmi perché o di insospettirsi, vuole giocare anche lei. Alessia è d'accordo: io e Carolina andiamo dal parrucchiere e torniamo a casa io quasi pelato, lei con una zazzera cortissima.

La sera brindiamo sul nostro terrazzo con i miei genitori, con Nata, Nando e il fratello di Ale. Brindiamo alle chemio, «per fortuna che ci sono!», e all'inizio della nostra lotta.

Fino a oggi mi sono sentito inerme. Non potevo fare niente, non potevo combattere. C'era qualcosa di molto brutto che mi voleva togliere tutto e mi toccava rimanere in attesa. Oggi finalmente il mio nemico ha un nome. Non è un nome bello quanto Peter, ma ha un nome. Finalmente so quali sono le mie armi. Finalmente posso sfidarlo. Finalmente posso – possiamo – cominciare questa guerra. Sarà dolorosa, la guarigione non è a portata di mano, ma non importa: perché c'è una strada per arrivarci, c'è una cura che la rende possibile.

E quindi: partenza! Via!

6

Il 23 giugno è il compleanno di Tommaso, mio fratello grande: un buon giorno per iniziare.

Falcinelli mi fa sedere in una stanzetta con una piccola finestra, una grossa poltrona per me e una seggiolina per Alessia. La sua collega, Monia Capponi, dottoressa gentile e premurosa, mi fa un buchino nel braccio e mi mette una flebo.

Ho paura degli effetti collaterali, ma sono carico: ho sistemato tutto ciò che riguarda il mio lavoro, ho informato tutti, sono nel posto giusto, con le persone giuste, non mi resta che curarmi. E oggi è il giorno zero, l'inizio.

Mando un SMS agli amici: "Sono in compagnia di tre belle donne: vincristina, adriamicina e ciclofosfamide".

Il ciclo dura sette ore. Mi mandano a casa alle cinque, praticamente una giornata di lavoro.

Per qualche giorno non succede niente, poi avverto un po' di fastidio allo stomaco, mi sento più stanco di prima, ma niente di che.

In compenso, mi prendo una prima rivincita sulla malattia. Ci rifletto a lungo e concludo che, anche se mi costa fatica, voglio tornare a seguire la pallavolo.

Sono uno che da bambino, per addormentarsi, invece di contare le pecore riviveva la partita che aveva appena visto, immaginando azioni eccezionali insieme a Vullo, Bernardi, Gardini: in sogno mi tuffo, salto, mi giro, alzo. Più avanti gli psicologi dello sport mi hanno spiegato che si tratta di una sorta di allenamento mentale: visualizzare i gesti tecnici aiuta il corpo a essere pronto a eseguirli in campo. Per me era normale – è stato normale finora – perché sono fissato.

Ho passato gli ultimi quindici anni a pensare alla pallavolo praticamente sempre. I miei amici, i compagni di squadra, mi prendono in giro: «Quanto ti piace la pallavolo, eh? Quanto ti piace?». Parlerei solo di quello. Mi piace tutto: le dinamiche di mercato, i rapporti che si creano con l'allenatore, le trasferte con il pullman, stare in ritiro, conoscere i nuovi compagni, cenare con loro, bersi un caffè dopo cena, raccontarci le nostre storie, sia di vita che di squadra. Mi piace trovare il modo di affrontare un avversario forte, capire come possiamo superare i momenti difficili. Mi piace tenermi in forma, allenarmi, in campo e in palestra; mi piace stare attento all'alimentazione. Mi piacciono le maglie che mi consegnano ogni stagione: vedere come sto con i nuovi colori. Mi piace l'aspetto tecnico dell'abbigliamento: perché quella scarpa fa saltare più in alto?, perché fa correre più veloci? Mi piace immaginarmi i giocatori storici di un certo club con casacche nuove, come se fossero figurine.

Mi piace che lo sport sia una scuola di vita: la pallavolo per me lo è stata. Negli anni mi ha messo davanti la versione in miniatura di problemi che invece avrei incontrato fuori, nel mondo, a dimensione naturale: enormi. Mi ha allenato ad affrontarli. Per esempio: so che se perdo gara 1 dei play-off non è finita, posso ancora vincere. La domanda giusta è: come faccio a vincere gara 2?

Se mi ammalo non è finita, sono ancora qua, posso ancora lottare. Posso ancora tagliare il traguardo, come Derek Redmond. La domanda giusta è: chi viene con me?

Di tutto questo non posso fare a meno. È il mio mondo. Se mi facessi da parte e non mi permettessi di frequentarlo ancora, anche se da lontano, perderei io, non la malattia. Non voglio.

Come faccio a vincere gara 2? Be', appoggiandomi ai compagni di squadra, i miei guerrieri: prima fra tutti, Alessia. Poi, fidandomi dei miei medici.

Quando non siamo in ospedale, in farmacia, dal medico, Ale e io parliamo continuamente del cancro. L'abbiamo presa sul personale: lui ci ha attaccato, come facciamo a sconfiggerlo? Inventiamo modi per affilare le nostre armi: vogliamo poter aiutare i medici. Eseguiamo alla lettera i loro ordini, ma non ci basta. Vogliamo poter fare le domande giuste, parlare esattamente il loro linguaggio, per capire alla lettera che cosa dicono.

E ci caschiamo. Mio padre ci aveva messo in guardia: «Non andate su internet». Noi, però, non riusciamo a resistere. La sete di informazioni non si placa mai, anche se i dottori rispondono a tutte le nostre domande con pazienza, anche se il babbo ci spiega per filo e per segno tutto quello che ci dobbiamo aspettare.

Navighiamo in internet alla ricerca di esperienze, esempi, racconti di persone ammalate o ex ammalate. Incappiamo in un forum pieno di voci: c'è chi non ha consapevolezza di quello che sta vivendo, chi ne è uscito tra mille difficoltà, e ci sono poi alcuni parenti di pazienti che non sono sopravvissuti. Leggiamo tutte queste storie e le analizziamo per capire se è mancato qualcosa di specifico, se sono stati commessi degli errori. Non vogliamo sbagliare, peggio ancora con ingenuità.

Troviamo l'Indice Prognostico Internazionale, uno strumento clinico che serve per fare la prognosi dei pazienti con un linfoma come il mio. Io ho tre indici favorevoli su cinque: la giovane età, lo stato fisico generale, l'assenza negli esami del sangue di un enzima che è anche un marker tumorale, l'LDH. I due sfavorevoli sono lo stadio – e peggio non poteva essere – e la presenza di più sedi extranodali. La probabilità di guarigione che ne deriva è medio-alta.

Forse è solo istinto di sopravvivenza, il nostro volerci

concentrare a tutti i costi sul minimo lato positivo in una marea di brutte notizie. Qualunque cosa sia, ci salva dalla disperazione.

Il calcolo dell'Indice Prognostico mi aiuta a ridimensionare un primo cambio di rotta. Inizialmente i dottori hanno deciso di sottopormi ai cicli ogni ventun giorni. Qualche giorno, vari esami e prelievi dopo la prima chemio, Falcinelli decide che ventuno giorni sono troppi: «Giacomo, è un po' cattivello. Mi sono consultato col professor Falini, vorremmo farti il ciclo ogni quattordici giorni».

Alessia sbianca, a me esce dalla bocca: «Che vuol dire *cattivello*?».

Il dottore si morde la lingua: «Ho usato la parola sbagliata, scusatemi».

Ci vogliono giorni perché metabolizzi la notizia, ore di domande al babbo, di letture di racconti di persone messe peggio di me che ne sono uscite. Ore di preghiera.

Una mattina mi sveglio e non credo più. Ho il cancro, morirò, mi seppelliranno in un buco e sarà tutto finito: questo credo. Gesù Cristo? Il Paradiso? La resurrezione? Balle. Mi prende il panico: senza Dio non sarei niente, senza Dio non avrei speranza, senza Dio sarei un fantoccio vuoto, un corpo che cammina – che muoia o che viva che importa? Ho le palpitazioni, faccio fatica a respirare, a dominare la paura. Chiamo Alessia, che mi ascolta con gli occhi spalancati e chiama subito don Francesco, il parroco della chiesa vicina a casa nostra. Don Francesco è uno che, dopo averci visto le prime volte a messa, l'ha chiamata per dirle: «Io quando vedo voi sento l'odore delle rose, l'odore di Maria». Arriva la mattina stessa, ci mettiamo in terrazza e mi confessa, mentre Ale fa avanti e indietro tra la cucina e il corridoio, passando cento volte davanti alla finestra.

«È una tentazione, Giacomo, è una tentazione, dobbiamo pregare.» Mi racconta che la perdita della fede ricorre nelle vite dei santi, la chiamano "la notte". Non è il mio caso: non ho quelle fedi indistruttibili come certi santi, ovviamente sono un peccatore, un uomo che sbaglia. Però ho fede. Non posso pensare di perderla. Preghiamo insieme per tanto tempo; quando se ne va rimango da solo e continuo a pensarci, chiedendo a Dio di sollevarmi da questa tentazione, di permettermi di tornare in me, di superare la mia debolezza, di aiutarmi a gestire la paura della morte. Verso sera mi sento di nuovo me stesso: credo. E ritrovo la mentalità da giocatore.

Lo sport mi ha insegnato a scovare i punti deboli dell'avversario. Se vedo solo i punti di forza, posso anche ritirarmi subito. Invece, bisogna chiedersi: quali sono i punti deboli di questa squadra che sembra imbattibile? Come posso ribaltare la situazione a mio favore?

Posso cominciare dalle parole del professor Falini. Che non sono: "Cari ragazzi, andate a casa e aspettate l'inevitabile". Sono: «Ci sono delle cure». Posso accettare di fare le chemio ogni quattordici giorni. Se non bastano, posso fare la terapia di salvataggio. Se ancora non bastano, posso fare l'auto-trapianto. Sono già tre possibilità. E finché non le ho sperimentate tutte e tre, non posso pensare di fermarmi.

Il 7 luglio mi somministrano il secondo ciclo. E comincio a capire che sono le cure a rendere riconoscibili gli ammalati di cancro, non la malattia.

Ho la nausea. Se bevo, vomito. Se mangio, vomito. Subito prendiamo anche questi come segnali positivi. Ci viene in mente la pubblicità dei Quattro salti in padella, con il giovane Nerone che dice: «Bruciano? Meglio!». Diventa il nostro slogan: bruciano? Funziona! È vero: il dolore alla costola comincia a scemare. I dottori mi dicono che è un buon segno. Quindi forza e coraggio, andiamo avanti.

Però è dura.

Va a giorni. Passo le ore sdraiato sul divano, cercando ogni tanto di raddrizzare almeno la schiena, davanti alla televisione. Soffro il caldo. Viviamo all'ultimo piano e l'estate comincia a farsi sentire. Prendo una caterva di antivomito, per avere la minor nausea possibile e non passare tutto il tempo in bagno. Guardo il Tour de France o la World League, senza riuscire a entusiasmarmi o a memorizzare i risultati. Penso a Lance Armstrong: lui ce l'ha fatta, ce la farò anch'io. Cerco di distrarmi ma il mio unico pensiero rimane la malattia.

Ho dolori dappertutto: la bocca piena di afte, tagli, le gengive che sanguinano; l'intestino subisce la stessa sorte. Il male mi piega letteralmente in due, e sento come un peso sul petto. Sono sfinito. Mi sento completamente vuoto: quando riesco ad assopirmi, di notte, mi sveglio nel panico, convinto di aver perso le gambe. Urlo e sveglio Alessia: «Sono paralizzato, sono paralizzato!», invece è solo stanchezza. Per andare dalla camera al bagno, dal bagno alla cucina, o ancora peggio per arrivare fino in ospedale devo appoggiarmi a qualcuno, ad Alessia o al mio babbo, se c'è.

Da difesa, barriera che protegge, la pelle si è trasformata nel primo strato esposto del mio corpo. Anche una carezza è una tortura. Se prima prendere in braccio Carolina era difficile, ora è impossibile. Per me è fondamentale che lei capisca: le abbiamo spiegato che la colpa non è di papà, che lui vorrebbe prenderla in braccio ma proprio non ci riesce. La colpa è di un animaletto dispettoso che gli dà fastidio. Dobbiamo tirarlo fuori e farlo tornare a casa sua. È stupita ma capisce: va a prendere uno dei suoi giochini e si appollaia in fondo al letto, vicina ma senza toccarmi. Gioca in silenzio e ogni tanto mi cura con la coda dell'occhio.

Devo imparare a comunicare con Alessia a distanza, non sono abituato. Siamo sempre vicini, ci tocchiamo in continuazione mentre parliamo – una mano sul braccio o sulla gamba, un abbraccio leggero, la sua testa appoggiata sulla spalla. Tutto questo sparisce.

Iniziamo a chiacchierare da lontano. Lei si accoccola sul divano di fronte a quello dove sono io, si siede al tavolo della cucina con il computer o l'agenda davanti e, mentre pianifica il da farsi o cerca informazioni, mi racconta di questo e di quello, mi legge la lista di telefonate o messaggi che ho ricevuto, «così quando ti senti puoi rispondere a tutti e richiamare per ringraziare».

Mi commuove. Per mettermi in condizione di pensare solo a curarmi ha preso in mano tutte le cose pratiche: scrive tutto – visite, esami, orari delle pastiglie, prelievi. Non ha paura di niente e si prende cura di me in un modo che a tratti mi fa innamorare, a tratti mi fa male, perché la vedo dedicare totalmente la vita a un ammalato di cancro. Quando ha qualche momento libero studia, e non so come faccia, mi sembra un miracolo, ma per gran parte del tempo si occupa di me: esce alle 7 per mettersi in coda dal medico in centro, poi con le ricette e le impegnative va prima in farmacia, poi alla ASL per prenotare i prelievi del sangue a domicilio. Una volta la rimandano addirittura indietro: il medico ha scritto "otto prelievi", l'infermiera di turno non conosce la situazione e d'ufficio decide che ci vogliono più impegnative, che "otto prelievi" sono troppi.

Alessia organizza la giornata di Carolina insieme a Nata, che la porta al parco, a giocare, in piscina, in modo che veda anche altri bambini e che non rimanga tutto il tempo in casa dove ci sono io, che non riesco a sopportare i rumori e la luce. Alessia resta insieme a me: mi ricorda quando devo prendere una medicina, e quale. Vigila sull'organizzazione delle visite. Consegna a chiunque entri in contatto con me una mascherina: i miei globuli bianchi sono azzerati e le infezioni, anche banali, provocherebbero un ritardo nelle cure. Se viene il prete per confessarmi, mascherina. Se vengono gli amici, i nonni di Carolina, l'idraulico, mascherina. Alessia ne prende in ospedale scatole e scatole. Quando sto meglio e comincio a immaginare di uscire, mi accompagna e ne porta tre o quattro nella borsa, in caso di bisogno.

Senza di lei sarei perso. È il mio amore, il mio sostegno, il mio sollievo.

Tutto questo tempo da passare senza gioia, senza di lei, sarebbe un'agonia. Tiriamo sera insieme, lei che spera di archiviare la giornata il prima possibile e io che mi auguro che il sole non tramonti mai. Per lei, che non teme le gocce quanto me, la notte è un sollievo; per me la notte *è* la paura, le due cose coincidono. Mi vengono a trovare tutti i miei fantasmi: il terrore di morire, di dover lasciare Alessia e Carolina, i miei genitori, di soffrire atrocemente. Arrivo a pensare che, se avessi la forza di alzarmi, mi butterei dal terrazzo. Vorrei disperatamente dirlo ad Alessia, ma sta dormendo e non voglio svegliarla. Così resto da solo con i miei incubi: gli altri muoiono, tanta gente muore, perché io dovrei essere diverso? Perché io dovrei essere speciale?

Non lo sono. Quel giorno arriva a ricordarmelo. Mi ero preparato, mi ero rasato, lo sapevo. Ma è comunque un trauma. Sto cominciando a riprendermi dagli effetti collaterali del secondo ciclo quando vado in bagno a fare la doccia. Mi insapono la testa, mi guardo le mani e sono tutti lì: degli aghetti neri neri, lunghi forse cinque millimetri. Ripasso le mani nei capelli e si staccano a migliaia. Mi giro e sono dappertutto: sulle pareti della doccia, per terra, ce ne ho in faccia e sul corpo. Comincio a piangere: ho il cancro. Ho il cancro, ho il cancro, ho il cancro.

«Ale.» Mi esce una vocina talmente flebile che a stento la riconosco. «Ale, Ale.» Non so cosa fare: ci sono capelli dappertutto e non vanno via, non voglio guardarmi allo specchio da solo. «Guarda» le dico con gli occhi lucidi quando apre la porta.

Alessia entra nella doccia vestita, mi abbraccia, mi dà un bacino e prova a minimizzare: «Va be', amore, lo sapevamo. Dài, tanto adesso rasiamo tutto. Non è niente». Mi sciacqua come se fossi un neonato, fa sparire fino all'ultimo capello, poi mi asciuga e viene con me davanti allo specchio. Qualche ciuffo resiste, le sopracciglia invece sono ancora al loro posto. Sono in ballo. Ale mi sorride come sempre, come se fossi il ragazzo che ha sposato. Le chiedo di rasarmi immediatamente, ma teme di farmi male. Aspettiamo mio padre, che arriva il giorno dopo. Ale mi disinfetta la testa con Acqua di Giò, che almeno mi rasi con stile. Il babbo mi riempie di schiuma e toglie tutto.

Mi torna in mente quando mi ha portato a tagliarmi i capelli per la pallavolo: sembra un'altra epoca. A quindici anni ero fissato con il grunge: il mio idolo era Kurt Cobain, andavo in giro con i pantaloni stracciati e le camicie di flanella comprate usate – più erano sciatte e vecchie e più mi piacevano – e suonavo la chitarra. Poteva forse mancarmi il capello lungo fluente? Per giocare dovevo mettermi le mollette o una fascia, come Axl Rose (un altro dei miei idoli), il leader dei Guns N' Roses.

Giuseppe Brusi, uno dei miei "padri" sportivi, un giorno fermò me e il babbo all'uscita della palestra, ci portò nel suo studio e ci chiarì la situazione: «Ascolta, Jack, tu puoi diventare bravo, lo sai?».

«Grazie, signor Brusi...»

«Sì sì, grazie niente» mi rispose. «Se ci tieni a rimanere in palestra devi tagliarti i capelli. Perché uno, ci metti troppo tempo ad asciugarteli, quindi te li asciughi male e d'inverno rischi un malanno; due, in mezzo al campo non vedi la palla. Con quelle mollettine, con quella fascia... ma ti sembra il modo di stare in campo?»

Burbero è burbero, Brusi, però è anche un maestro. «O ti tagli i capelli, oppure domani non ti presentare in palestra.»

Appena fuori, il papà mi portò dal suo barbiere, a rasare quella montagna di riccioli disordinati che mi ritrovavo.

Adesso da tagliare c'è veramente poco: qualche ciuffo nero sparso sul cranio; non sembrano nemmeno capelli, ma piuttosto la lanugine dei bambini neonati. Guardo Alessia e la sua chioma morbida e liscia e ho paura a immedesimarmi in una donna che debba subire questo trauma. Nel bene e nel male non sono mai stato uno di quei manichini attenti al look che si vedono in giro: mi piace essere carino, ma niente di più. Per fortuna.

Nei giorni successivi mi cadono anche i peli dalle gambe, dalle braccia, dal petto, dalle ascelle. La barba smette di crescermi. Piano piano riesco persino a scherzarci: «Vedi?» dico ad Alessia. «Per evitare le infezioni che potrebbero venire giocando, altro che depilazione: ho risolto il problema.»

E lei: «Ti ricresceranno sicuramente debolucci. Ti converrebbe subito fare una ceretta, per avvantaggiarti».

C'è una frase, «Guarda che mi puoi abbracciare, sto bene», che segna il mio ritorno a una vita quasi normale. Posso avvicinarmi ad Alessia senza paura di sentire dolore e senza che lei tema di farmi male, posso immaginare di stringerla, di farle le coccole sul divano, di fare l'amore.

Posso prendere in braccio Carolina: prima per due minuti, poi per cinque, poi per dieci, poi per tenermela addosso come facevo prima. Posso metterla a letto io, leggendole una storia. Le faccio scegliere il libro ma è un rito quasi inutile: indica sempre *I tre porcellini*, è gasatissima dal lupo cattivo.

Rientrare nei miei panni mi fa sentire un uomo, non un malato: il cancro mi fa bruttissimo, ma ho visto che se mi faccio una doccia, se mi rado la peluria nera che ho in testa, se mi profumo e mi metto dei bermuda o dei pantaloni lunghi – tutto purché non una tuta leggera, l'unico abbigliamento che sopporto durante la chemio – mi sento più carino e posso uscire con mia moglie, fare una passeggiata, vedere gli amici, fare un tuffo in piscina, portare al parco Carolina.

Voglio avere una parvenza di vita sociale, prendere fiato, incontrare persone che non siano per forza medici, parlare di argomenti diversi dall'oncologia. Lo faccio anche per Alessia, che non mi lascia mai solo, mai. Non esce più con le sue amiche, non parla con nessuno se non con me, i miei medici e i suoi genitori, per organizzare la tabella di ogni giornata: chi porta Carolina dove, chi va in farmacia, chi sta con Giacomo mentre lei è dal medico per le impegnative...

Certo, per riprendere a uscire sono necessari alcuni adattamenti. Bisogna imparare a non offendersi quando tutti i clienti del supermercato ti fissano con sguardo compassionevole. Imparare a fregarsene quando al bar o al ristorante la gente si alza e si sposta per non stare accanto a te o nel tavolo vicino. Ogni tanto mi arrabbio, vorrei alzarmi e urlare: "Ehi, tu: guarda che il cancro non si attacca!".

Faccio un po' fatica. Sono abituato a essere notato per l'altezza, ma questi sono sguardi tutti diversi; i primi di pietà, i secondi di disgusto. All'inizio mi stupisco, ci rimango male. Vorrei essere trasparente, ma non è possibile: sono un ragazzone di 1.96, pelato, senza sopracciglia e con la mascherina. Difficile che passi inosservato.

Mi piacerebbe che ci fosse in giro meno ignoranza. La stessa che riconosco al Giacomo di prima: io per primo ero convinto che fosse il cancro a far cadere i capelli. Invece sono le cure. Chi va in giro senza capelli dovrebbe essere visto come un guerriero, non come un morto che cammina.

Sto piuttosto bene quando Monia Capponi, la collega del dottor Falcinelli, mi chiama dall'Ematologia: «Giacomo, i tuoi globuli bianchi si stanno abbassando troppo. Devi prendere un farmaco, si chiama fattore di crescita, serve per innalzarne il livello». Ci spiegano come dobbiamo fare – prendere l'impegnativa dal dottor Falcinelli, comprarlo nella farmacia dell'ospedale, iniettarlo con una piccola iniezione nella pancia e poi aspettarci che sentirò dei dolori. «Potresti avere qualche effetto collaterale, un po' di febbriciattola e qualche dolore osseo, come quelli dell'influenza. Niente di che. Per sicurezza, però, procurati un antidolorifico oppiaceo, un po' di morfina, e te la tieni lì se ne hai bisogno.»

Mi sembra un po' strano che dei dolori «come quelli dell'influenza» debbano essere contrastati con un oppiaceo, ma eseguiamo gli ordini. Alessia va da Falcinelli, è la prima volta che lo vede da sola. Mentre sta per uscire con l'impegnativa in mano lui le dice: «Mi raccomando, fai una carezza a Giacomo». Quando me lo racconta, a casa, sento di avere messo la mia vita nelle mani della persona giusta: la sua umanità, il suo esserci in ogni momento, il suo guardare me e mia moglie come due esseri umani e non come un paziente con accompagnatore non possono non fare la differenza.

Non mi sono mai fatto un'iniezione da solo. Mi chiudo in

bagno con Alessia e decidiamo che io inserirò l'ago (la parte che intimorisce di più lei, ha paura di farmi male) e lei premerà lo stantuffo della siringa (la parte che intimorisce me). Venti minuti e una decina di tentativi dopo ci siamo: ci facciamo belli e andiamo a trovare due amici, Francesca e Siro, che abitano vicino a noi.

Dopo qualche ora comincio a sentire delle pulsazioni lungo la colonna vertebrale, che accompagnano il battito cardiaco. È una specie di fastidio, niente di più. Penso che i medici abbiano esagerato: "Morfina? Ma dài! Non sarà niente..." mi dico. Continuo a parlare con i ragazzi, mi sposto su una poltrona più comoda ma le pulsazioni crescono rapidamente di intensità: sono colpi, scosse che partono dal coccige e salgono lungo la colonna vertebrale, attraversano i reni e arrivano fino al collo, e poi giù, davanti, allo sterno. Fingo di essere solo stanco, mi scuso con Francesca e Siro e voliamo via. Ale ha capito che c'è qualcosa di strano e le racconto la verità: ho un male tremendo, qualunque cosa sia non sono dolori "tipo influenza".

Chiamiamo il babbo. Errore: a sentire le parole "mi pulsano i reni" si terrorizza. È informato di tutto, sa che sto facendo i fattori di crescita perché ho i globuli bianchi troppo bassi, pensa subito a un'infezione alle vie urinarie. «Non è possibile! Non è possibile!» quasi urla nel telefono. «Dimmi bene cos'hai!»

Gli ripeto tutto per filo e per segno, cercando di mantenere la calma. Alla fine delibera: «Devi chiamare l'Ematologia».

«Ok, aspetto un po', se non calano li chiamo.»

Non calano, ma rimando. Nata ha preparato la pizza, voglio andare a casa sua e mangiarla, come gli altri. Voglio concludere il nostro programma, così come l'avevamo pensato: voglio mangiare la pizza, tornare a casa e aspettare Riccardo, che arriverà con il gelato. Questi sono i pochi giorni in cui riesco a vivere, tra una terapia e l'altra: mi spettano. Voglio la serata che avevo immaginato, senza sofferenze, cure o ospedali.

A casa dei genitori di Ale non riesco a stare seduto. Devo

mangiare la pizza in piedi, se appoggio il sedere su una sedia sobbalzo per i colpi e le scosse di dolore. Sempre più forti.

Richiamo il babbo per tranquillizzarlo: «Non mi sembrano i reni, mi sembra più la spina dorsale. Sento pulsare fortissimo anche lo sterno e la base del collo».

Mio padre, spaventato all'idea di un'infezione, mi dice di misurarmi la febbre e, se ce l'ho, di andare di corsa in ospedale. Non mi va: tra pochi giorni dovrò fare un nuovo ciclo di chemio, mi torneranno la nausea, il vomito, il mal di testa, le afte, il male a tutte le ossa. Sto male e so che dovrei chiedere aiuto, ma spero che tutto mi passi così come mi è venuto. E così vado a casa ad aspettare Riccardo.

Cerco di fare l'indifferente, di mettermi il più comodo possibile sul divano, di mangiare qualche cucchiaino di gelato, ma non ci riesco. Quando arrivo a stringere i denti per il dolore, come quando mi hanno fatto la biopsia ossea, mi provo la febbre. Ho 38,2.

Telefono in Ematologia: «Vieni qua di corsa».

Mi pigio nella Smart di Riccardo, contorcendomi per il dolore. Di notte non sono mai stato in Ematologia, non so da dove si entri, così decidiamo di andare al Pronto soccorso: quando mi vedono entrare con la mascherina, senza capelli, mi rimandano indietro, il rischio di infezioni è troppo alto. Mandano qualcuno a prendermi direttamente in macchina e mi portano al quarto piano, la degenza di Ematologia, un mondo nuovo. Un'infermiera mi aiuta a vestirmi con camice, calzari e cuffietta e mi fa lavare le mani prima di portarmi dentro.

Mi accoglie Lorenzo Brunetti, un ematologo gentilissimo, che mi riconosce: «Ma tu sei il giocatore di pallavolo che ha iniziato a curarsi? Come stai?».

È giovane, ma mi trasmette subito sicurezza. Gli racconto cosa mi è successo e mi tranquillizza spiegandomi che sono i fattori di crescita, che mi darà un antidolorifico e che posso tornare a casa. «Vedrai che in quattro o cinque ore ti passa tutto.» Chiamo subito Alessia, i miei genitori e i suoceri e anch'io, come per magia, tranquillizzo tutti.

Siamo più sereni ma, antidolorifico o no, passo la notte in posizione fetale, a contare le pulsazioni e a pregare che il midollo la smetta di pompare globuli bianchi: bisognerebbe prendere i farmaci prima di avere i dolori, dopo si può fare poco. La prossima volta non me lo dimenticherò di sicuro.

All'alba crollo, sfinito dal dolore, vinto dall'idea che devo piegarmi alle medicine.

7

Se non altro, i fattori di crescita funzionano. Appena ho i valori in ordine i dottori mi convocano per il terzo ciclo, di lunedì, e fissano per il 9 agosto il "controllo precoce", come l'ha chiamato Falini.

Sto abbastanza bene, e dovrei stare bene ancora per qualche giorno, così immaginiamo di poter andare un paio di giorni a Ravenna. Passiamo un weekend bellissimo, vedo i miei fratelli, gli zii e i cugini, passo a trovare nonno Tonino e nonna Gianna. Andiamo fuori tutti insieme a mangiare un sacco di pesce, nel pomeriggio guardo il Tour de France con il babbo, Tommaso e Mattia, come ai vecchi tempi: noi quattro, gli uomini di casa, spaparanzati sul divano a commentare e a saltare in piedi di fronte alle fughe di Pantani. Carolina e Alessia si installano in spiaggia. Era un pezzo che non le vedevo così felici, così rilassate. Il giorno dopo lo passo anche io al mare, stando quasi sempre sotto l'ombrellone e regalandomi qualche passeggiata di cinque minuti fino alla riva, per bagnarmi i piedi.

Nel giro di due giorni sono un'altra persona. Il primo ciclo è stato una scoperta, il secondo molto impegnativo, il terzo è un massacro. Faccio fatica a muovermi. Ho sempre sonno. La nausea mi spacca in due, non c'è niente che me la tolga. Non ho fame. Ho la bocca piena di afte, il cerchio alla testa. La voce mi esce come un soffio. Mi fa schifo il mio respiro, mi fanno schifo tutti gli odori che sento. Non vedo l'ora che sia tutto finito. Cerco di essere forte, ma il dolore fiacca, anche psicologicamente. Rosicchia la fiducia, la rende malferma e debole, la fa traballare. Tutti si prendono cura di me; tutti, compresi i dottori, sono ottimisti. Ci aspettiamo che la PET di agosto dica che siamo in vantaggio noi. Per la prima volta, non sono d'accordo. È piovuto e la costola è tornata a farmi male: cattivo segno? Ogni volta che ho fatto un controllo eravamo tutti ottimisti e poi è venuto sempre fuori qualcosa: prima non doveva esserci niente, e la massa c'era; poi sembrava benigno, invece era maligno; poi speravamo che fosse solo uno, ed erano cinque.

È difficile. Senza fiducia – o meglio, senza fede – si muore, ci si asciuga. Se il cancro mi toglie la speranza, mi toglie tutto.

La tentazione di arrendermi è forte: siamo soltanto a metà, forse nemmeno.

Ma penso che ho ancora troppe cose da fare. Voglio vivere con la mia famiglia, voglio costruire la nostra casa, voglio avere con Alessia almeno altri due bambini, voglio tornare a giocare, voglio fare felici i miei. Troppe cose. Poi c'è Carolina. Il pensiero di farla soffrire mi accompagna giorno e notte, è peggiore persino del dolore. Voglio essere forte per lei. Anche se costa fatica, ci provo.

Voglio mangiare seduto a tavola. Voglio sedermi per terra con mia figlia a giocare, anche solo per cinque minuti. Voglio vestirmi e passare la giornata a casa di Nata e Nando, così Alessia può studiare. Voglio fare i prelievi in cucina, non a letto. Ha senso? Non lo so. Per muovermi da una stanza all'altra impiego parecchi minuti. A volte rischio di svenire solo per volermi sedere con la schiena dritta e devo correre – si fa per dire – a sdraiarmi.

Odio l'idea di svenire, di perdere il controllo. Succede una mattina – Carolina guarda i cartoni ciucciando la sua copertina preferita, quella rosa e bianca, la "cuina". Sono al tavolo della cucina, l'infermiera dell'Asl mi fa un prelievo. Non ho dormito di notte, ho la nausea, sono debole, pallido. Anche una carezza mi dà fastidio. Lei mi buca la vena per l'ennesima volta, mi fa male e cado a terra, incosciente.

L'infermiera rimane di sasso. Alessia anche, con le mani nei capelli. Guarda me, guarda Carolina, aspettandosi che scoppi a piangere. Lei guarda la mamma, poi me, poi l'infermiera: «Mamma. Chiama il dottore». E indica il telefono. Come a dire: "Vi devo dire tutto io?". Mi riprendo mentre Alessia è in linea con il Pronto soccorso e schivo per un soffio la gita in ospedale.

Questa volta riprendermi richiede più tempo. Non ricordo chi abbia scritto che, quando si sta male, cinque minuti valgono come dieci anni. Non è vero. Al dolore, alla sofferenza, al disagio fisico non ci si abitua. Mai.

I miei sono giorni che non passano. So che le afte si cicatrizzeranno, che la pancia comincerà piano piano a riprendersi e a sgonfiarsi, che la nausea scemerà, che il cerchio alla testa e tutti gli altri sintomi diminuiranno fino quasi a scomparire: mi è già successo. Aspetto quel momento come i bambini aspettano il Natale, con l'impazienza e il desiderio spasmodico di scartare il mio bel regalo, ma i minuti sembrano eterni. Tolgo l'orologio, per non avere la tentazione di guardarlo continuamente.

Passo le ore sdraiato, nel mio letto, sul divano.

Il primo segnale buono è un pensiero positivo: riuscire ad arrivare fino alla macchina. Cammino lentamente, un passetto dopo l'altro, un piede davanti all'altro. Alessia mi aiuta e faticosamente mi metto seduto davanti. A casa di Nata e Nando facciamo il percorso inverso: scendo, due passi, salgo il gradino per entrare in casa, pausa sul divano in sala da pranzo, poi riparto verso la camera di Luca, il fratello di Ale. Rimango lì tutto il giorno, sdraiato, ma almeno siamo insieme e semplifico la vita di tutti. Alessia riesce a studiare qualche ora: ci sono altri che possono aiutarmi e i nonni si spupazzano Carolina.

È stupefacente rendersi conto di quanti ostacoli superiamo ogni giorno senza badarci: salite e discese, piccoli gradini, sbalzi nella pavimentazione, tappeti, scale, buche per strada, marciapiedi rialzati... noto tutto. Sono i miei nuovi orizzonti: oceani di dettagli, colori, misure – il modo in cui la luce colpisce punti diversi nelle diverse ore del giorno, i paesaggi pieni di cielo incorniciati dalle finestre, il numero delle travi sul soffitto, o delle mattonelle per terra, dal letto alla porta e dalla porta al letto.

C'è gente che quando mi vede piange. A parte i familiari, don Francesco e qualche amico stretto, in casa non accogliamo nessuno. Succede fuori. Appena mi sento di alzarmi mi lavo e profumo e voglio uscire. Mentre mi preparo, l'idea che dovrò sostenere gli sguardi della gente non mi sfiora. Dopo, però, quando siamo in paese, al bar, al supermercato, me li trovo lì davanti, e all'improvviso la mia baldanza fragile si incrina di fronte a conoscenti che trattengono le lacrime. Faccio impressione. La mente vola alla PET, quella del 9 agosto: cosa mi dirà? Basta così o dobbiamo andare avanti?

Quando Ale vuole viziarmi, mi porta al McDonald's. È il nostro sfizio: gli hamburger mi piacciono, hanno un gusto forte che nasconde il saporaccio ferroso che mi ritrovo in bocca. Per festeggiare la ripresa, partiamo spavaldi con tutte le nostre armature al seguito: cappellino per proteggermi dal sole e mascherina per proteggermi dalle infezioni. Appena entro mi levo il cappello, rivelando la testa tutta pelata e il disegno sottile delle mie sopracciglia decimate.

A un altro tavolo sono seduti tre ragazzini. Li noto perché uno mi indica e si porta la felpa davanti al viso, come per imitare un bandito. Mi fissa, ride. Mi sta prendendo in giro. Alessia lo fulmina con lo sguardo; io faccio peggio. Stupidamente. Sento la rabbia salirmi dai piedi e non riesco a trattenermi: mi alzo e mi avvicino. Lui mi guarda ridacchiando, con aria di sfida.

«Sai perché sono messo così?» Sento la voce uscirmi chiara e stentorea, e capisco che sono con i nervi a fior di pelle. Ma non ho alcuna intenzione di fermarmi.

Non risponde. Guarda i suoi amici come a dire: "Ma che vuole questo?".

«Visto che fai lo spiritoso, ti spiego perché porto la mascherina. Perché ho il cancro. Così fai una bella figura da imbecille di fronte ai tuoi amici.» La ragazza che gli siede accanto gli dà uno schiaffo, davanti ai miei occhi.

Torno da Alessia con la coda fra le gambe. Mi vergogno di aver perso il controllo. Ma mi sono sentito ferito, e ho reagito.

Il mondo fuori – fuori dall'ospedale, dalla mia casa, dal cerchio magico della mia famiglia e degli amici, dove tutti mi trattano come il solito Jack, solo con qualche attenzione in più – è una prova da superare.

Alessia è piena delle premure più inimmaginabili, Nata mi prepara il divano e il letto di Luca con dieci cuscini, gli amici mi invitano a cena e portano fuori in giardino una delle poltrone, per farmi stare più comodo, la mamma mi chiede cosa voglio da mangiare... Mi sento coccolato dai compagni di squadra, che quando sentono che rispondo con un filo di voce si tirano indietro («Ti richiamo, ti richiamo») e quando invece riesco a parlare mi fanno subito festa. Luca Novi un paio di volte ha rischiato di scoppiare a piangere, ma ha attaccato il telefono appena in tempo perché io non lo sentissi.

Damiano Pippi e sua moglie, Chiara, ci invitano tutti e tre a casa loro per qualche giorno. Hanno un giardino bellissimo dove Carolina potrà correre e scatenarsi con Federico e Nicole. È un regalo enorme: per Carolina, ma anche per me e Alessia, perché dopo settimane passate a concentrarci quasi esclusivamente sul cancro, parliamo d'altro, di pallavolo, di vestiti, di bambini.

Fuori è più difficile. Fuori c'è di tutto. C'è don Francesco, che mi presta la sacrestia per seguire la messa, così rischio meno infezioni che stando nell'assemblea. C'è il ristoratore di Perugia che per farsi perdonare di non avermi tenuto il tavolo fuori l'ultima volta che abbiamo prenotato (si è scordato che non posso mangiare al chiuso con tutte quelle persone, togliendo la mascherina), offre la cena a me e ad Alessia. Ma ci sono anche i ragazzini spiritosi e i conoscenti inopportuni, molto più difficili da digerire.

Però va così, che senso avrebbe rifuggire dal mondo? È come una rinascita: prima devo imparare a convivere con me stesso, con la mia immagine senza capelli e con la mascherina, poi a muovermi all'esterno del mio nido protetto.

Carolina è una grande maestra, in questo: quando mi sento la accompagno al parco, insieme a mia mamma o a Nata. Tutti mi guardano come se fossi un alieno, lei mi guarda come se fossi il suo papà. E basta.

Nata ha un'amica devota di santa Rita. Il giorno prima della PET si fa accompagnare da lei a Cascia, al santuario. Alla fine della messa il celebrante benedice gli oggetti portati dalla gente che chiede una grazia. Lei è in fondo, estrae dalla borsetta una mia foto, la solleva più in alto che può, rivolta verso l'altare e piangendo chiede alla santa: «Guariscilo! Guardalo bene, non ti confondere: guariscilo!».

A sera siamo tutti molto stanchi. Cerchiamo di sdrammatizzare. Nando annuncia un fioretto: se guarisco si taglierà i baffi. Carolina porta gioia anche dove sembra che proprio non ci possa essere. Ale le ha preso un libro che ha visto in libreria e sogna da settimane. Ha una copertina blu e nasconde decine di disegni e storie di dinosauri. Passiamo la serata a dare nomi pronunciabili ai brachiosauri dal collo lungo e agli allosauri dalle gambe forti, e a colorare dinosauri di tutte le forme. Quando Carolina va a letto, ci carichiamo con gli "in bocca al lupo" degli utenti di Piccoli passi, un forum sul quale malati ed ex malati raccontano la loro esperienza di linfomi, mielomi, leucemie e così via. Ci siamo iscritti e abbiamo condiviso la nostra storia: la sera i commenti sono una cascata benaugurante.

Il 9 mattina all'alba sono già pronto. Come l'altra volta, passa il babbo a prendermi e andiamo a Foligno. La PET dice che la chemio ha parzialmente funzionato: due masse si sono ridotte visibilmente, altre meno. In totale, si parla di una riduzione dell'80 per cento. È una notizia agrodolce: il restante 20 per cento, oltre che ancora presente, è bello attivo. Mia mamma, il mio babbo, Alessia, i suoi genitori, sono tutti felici. Io non ci riesco. Mi rimbomba nelle orecchie la voce di Falini: «Se la prima linea non funziona, passeremo alle terapie di salvataggio». Sono terrorizzato all'idea di dovermi curare con farmaci ancora più potenti, con effetti collaterali peggiori di quelli che ho sperimentato, che dureranno più a lungo.

Alessia mi studia un po', poi me lo chiede: «Com'è che non sei contento?».

«Mi fanno passare...» le dico a mezza voce, «mi fanno passare alla seconda linea.»

Il giorno dopo Falini ci spiattella la verità: «Ragazzi, io non mi fido». Chiaro e tondo. Siamo nel suo studio, io e Alessia seduti di fronte alla sua scrivania, Falcinelli in piedi, accanto a una colonna decorata con un dipinto che a un primo sguardo non assomiglia a niente, a un'osservazione più attenta riproduce la catena del DNA. Il babbo è dietro, appoggiato allo stipite della porta.

«Questi tre cicli avrebbero dovuto fare piazza pulita, invece non l'hanno fatta, una parte abbastanza consistente di queste masse non risponde. Quindi dobbiamo cambiare strategia.»

Il cuore accelera il battito: so cosa sta per dirmi e non ho nessuna voglia di sentirmelo dire.

«Non ha senso continuare con questi tipi di cicli, te ne farei soltanto un altro perché non possiamo lasciar intercorrere troppo tempo tra una chemio e l'altra. Quindi fatti Ferragosto a casa tranquillo, il giorno dopo vieni in day hospital per un ultimo ciclo R-CHOP, dopodiché ti prepariamo per i cicli di alte dosi, ti preleviamo le staminali e poi andiamo all'auto-trapianto.» Ha gli occhi lucidi e smette di parlare, lasciando sospesa nell'aria quella parola così definitiva. O dentro o fuori, mi sta dicendo. E piange, mentre lo fa. Scapperebbe anche a me, ma sono troppo terrorizzato per lasciar trapelare qualsiasi reazione. Il cuore mi esplode e mi viene freddo, tutti i muscoli contratti, come pronti a scattare – e in effetti c'è una sorta di azione di gioco da compiere, un recupero da tentare.

Alessia mi appoggia una mano sulla gamba, abbassa gli occhi e sussurra: «Eh, già lo sapevamo...».

Falcinelli ci abbraccia con lo sguardo, come se fossimo figli suoi. Interviene con il suo vocione rassicurante e una gran tenerezza a riempire il silenzio, così che non dobbiamo portare anche quel peso: «È normale, eh! È una cosa che si fa, tanta gente fa l'auto-trapianto... è uno sforzo, Giacomo, ma è l'ultimo...».

Le sue parole passano sotto il filo della mia coscienza e le recepisco, ma la mia mente è concentrata, ora, sugli effetti collaterali delle terapie di salvataggio, sui rischi dell'auto-trapianto, sul tempo che ci vorrà per concludere questa guerra. Non riesco a immaginare di poter sopportare ancora dolore. E non riesco a immaginare dolori peggiori di quelli che ho già sperimentato. Sono meno preoccupato dalla malattia che dalle cure: le chiamano anche "alte dosi", poi mi somministreranno le dosi "sovramassimali", che precedono il trapianto. Sono pietrificato dalla paura: non riesco a commentare, non riesco nemmeno ad ascoltare con attenzione.

Credo che Falini intuisca, perché si affretta a riprendere in mano il bandolo della conversazione: «Giacomo, comunque non dobbiamo perdere di vista l'obiettivo: abbiamo visto che è chemio-sensibile, siamo in vantaggio, ma è probabile che la malattia ci porti al tie-break. Ed è lì che dobbiamo vincere. Quindi adesso andiamo a guarigione e miriamo a farti tornare a giocare». Parola magica. «Se ti restituisco la tua vita sono contento, ma non voglio lasciare le cose a metà: voglio riuscire a ridarti la tua vita e il tuo lavoro.»

Mentre le sento, so che sono queste le parole che mi ricorderò da vecchio: sono queste a restituirmi, prima ancora che la vita e il lavoro, la perseveranza. Ce la devo fare per Alessia e Carolina, per i miei genitori e i suoi, ma non solo: non sarò semplicemente un sopravvissuto, sarò vivo, sarò quello di prima.

Fino al parcheggio dell'ospedale nessuno parla, poi il babbo se ne esce con: «Oh, ha parlato della pallavolo, sentito? Vuol dire che ci credono!». È come una sorta di rito collettivo: il primo che intercetta una buona notizia anche piccola, una parola positiva, la passa a tutti gli altri. In questo caso, Falini ha fatto di più: ha dato un obiettivo a uno sportivo. Un obiettivo da non perdere di vista, da cercare di raggiungere con disciplina e tenacia, anche se costa fatica, anche se capiterà di cadere, magari di perdere qualche gara, facendo passi indietro. Sono terrorizzato, ma sono pronto.

E davanti a me ho un regalo inaspettato: il weekend. Venerdì avrei dovuto fare la chemio, invece sono a Ravenna, con la prospettiva di tornare a casa in tempo per passare il Ferragosto, che cade di lunedì, a casa di Riccardo, che organizza una grigliata con tutti gli amici. All'invito rispondo via SMS: "Prima il piacere, poi il dovere". Il 16 sono prenotato per il quarto ciclo di prima linea.

Al mare tengo la testa coperta con il berretto, indosso sempre la mascherina, tranne che per mangiare – e chiunque entra in contatto con me passa prima da Alessia e viene a sua volta "mascherato" – ma nonostante tutte queste precauzioni evidentemente commetto qualche errore perché la sera del 14, mentre siamo in partenza, mi prende un mal di testa lancinante. Il ritorno verso Perugia, tra buche e sollecitazioni dell'auto, è un tormento. Il dolore si concentra sulla cima del cranio, è talmente forte che Alessia è costretta a fermarsi più volte: ho degli attacchi di vomito. Lunedì cresce ancora, mi invade la fronte; mi viene la febbre.

Chiamiamo i medici. Falcinelli, scrupolosissimo, vaglia tutte le possibilità, anche le più improbabili. Anche se la PET risale a pochi giorni prima, mi spedisce in radiologia a fare una TAC al cranio con una cartellina da consegnare al radiologo. Nel tentativo di non agitarmi, lo chiama "controllo": «Ti mando giù per un controllo, ma di certo non sarà niente...».

Mentre scendo con mio padre in ascensore, distrattamente apro la cartellina e leggo: "URGENTE: TAC encefalica per sospetta localizzazione al cervello".

Io e il babbo ci guardiamo, arriviamo al piano e torniamo

immediatamente su, senza nemmeno scendere dall'ascensore. «Dottore, ma perché ha scritto così?»

«No, Giacomo, è solo per accelerare, per avere subito il referto, così il radiologo si sbriga.»

Il panico non cala finché non entriamo in possesso del referto: non ci sono altre lesioni e il mal di testa non è dovuto a quello. Scartata anche la seconda ipotesi, meningite. La causa non è chiara e Falcinelli, per sicurezza, decide di rimandare la terapia finché non mi sarà passato.

Ci metto una settimana per smaltirlo, più o meno. Appena sono a posto, posso fare la chemio. Forse perché sono passati più giorni dei quattordici canonici tra un ciclo e l'altro, forse perché la PET ha detto che la mia malattia è chemio-sensibile – e quindi ho la certezza che la mia lotta serve – stranamente sopporto meglio gli effetti collaterali. La stanchezza è devastante, ma la nausea e lo stomaco sono più sotto controllo. Dal letto di Luca mi chiedo se questo calvario avrà mai fine, e quando. Non vedo l'ora di riprendermi la mia vita, di tornare a giocare, di sentirmi in forze. Mi viene un po' di malinconia: è il 20 agosto, dovrei essere al mare con la mia famiglia, oppure a riprendere gli allenamenti e la preparazione con la squadra; invece sono a casa, fresco fresco di chemioterapia, a cercare di venire a patti con l'idea delle alte dosi che mi attendono.

Il ricovero mi spaventa, e così l'idea della sofferenza, e quella dell'isolamento durante l'auto-trapianto. Poi mi dico che sono fortunato, che per la mia malattia c'è una strada da percorrere – e questo non a tutti capita. Voglio e devo percorrere questa strada, costi quel che costi.

8

L'8 settembre un'ecografia appura che il mio cuore ha retto bene ai quattro cicli di terapie di prima linea e che può sopportare le alte dosi. Il 15 settembre mi ricoverano per il primo ciclo di DHAP. L'entusiasmante programma consiste in tre giorni di infusione continua, a seguito dei quali verrò rimandato a casa. Il secondo ciclo è previsto dopo venti-trenta giorni, a seconda del mio grado di ripresa.

Alessia mi ha preparato una sacca con tre pigiami, uno per giorno, le mie ciabatte, poi qualche libro, una manciata di fumetti e giornali, e il computer, che Gianluca – un mio amico – mi ha intasato dei film più recenti. È la prima volta che varca anche lei la soglia del reparto al quarto piano. La guardo mentre si barda per entrare con il camice, la mascherina, i calzari e la cuffia e la vedo bellissima. Il verde le dona, ma è anche altro: non piange mai, non davanti a me. È piena di brufoli, è dimagrita, stressata, ha il volto tirato dalla preoccupazione perenne, ma non molla. Non molla mai. Mi rimprovera persino: «Si fa venire i linfomi, sto scimunito, quando non sa che fare», mi strappa i sorrisi quando non ne ho voglia, mi guarda come se ci fossimo sposati il giorno prima, porta Carolina a fare i giri in bici e le prepara le torte a merenda per risarcirla del fatto che quest'anno, almeno per i primi mesi, non andrà all'asilo. L'abbiamo iscritta a un corso di atletica, due volte la settimana, all'aperto: l'unico modo perché possa frequentare altri bambini.

I medici temono che possa portare a casa qualche malattia infettiva e, se prima indossare la mascherina era un'utile precauzione, da oggi è necessario. Il piano perfetto dei dottori consiste nel somministrarmi il ciclo DHAP (cioè una bomba di rituximab, cisplatino, citarabina ad alte dosi e desametasone) per due volte, quindi prelevarmi le staminali nel momento in cui il midollo è più attivo, poi portarmi al trapianto, a novembre. Non posso permettermi infezioni: ritarderei i tempi e correrei rischi insensati in un momento in cui i miei globuli bianchi non sono certo in gran forma.

Attraversiamo insieme il corridoio dietro ad Annalisa, la caposala, che ci conduce nella mia camera. Singola – lo sono tutte –, letto a sinistra, piccola televisione a destra, scrivania, seggiolina, poltrona, l'immancabile bastone per la flebo.

Mi consegnano un pigiama da ospedale di cotone, con quelle piccole fantasie grigio-pastello. Non so se ridere o piangere: lo apro e non mi arriva neanche a metà coscia. Troppo corto, come il letto: mancano almeno dieci centimetri, per starci tutto devo tenere le gambe piegate. Falcinelli, che è alto quasi quanto me, se ne accorge subito e smonta lui stesso la sponda inferiore, per farmi stare un po' più comodo.

La prima notte si ferma anche Alessia, accoccolata sulla poltrona. Le infusioni cominciano la sera, con la dose di rituximab. Il mattino seguente si passa al cisplatino, nei due giorni successivi agli altri medicinali. Sono tutti farmaci tossici: l'infusione dura ore e ore perché brucerebbero le vene se non fossero diluiti in una gran quantità di soluzione fisiologica. Mi fanno due buchi: uno per la chemioterapia, uno per l'antiemetico, contro la nausea. Ovviamente non basta. Non bastano i medicinali, non bastano i ghiaccioli, non basta la Coca-Cola di Alessia. Berne un sorsino ghiacciato mi dà un lieve sollievo. Nel reparto, però, sembra estate, la Coca in tre minuti si scalda, va buttata. Colonizziamo ogni recesso vuoto dei frigoriferi, ma non basta. Il mattino mi sveglio come avvolto in una nube di nausea – le do un colore verdognolo, come quelle che si vedono nei cartoni animati. La sonnolenza, il malessere, la stanchezza sono coperte pesanti, mi tengono inchiodato al letto. Passo la giornata a tentare di non vomitare, rannicchiato sul lato sinistro, immobile. Mi assopisco senza rendermene conto, mi sveglio pochi minuti dopo, convinto di aver dormito per ore. Fatico a parlare, ho la bocca piena di afte; le emorragie alle gengive sono difficili da tamponare perché le piastrine si sono abbassate. Sogno cose fresche, come gli yogurt, o sapori forti, che mi aiutino a scacciare il saporaccio che sento in bocca. Succhio Morositas a più non posso – che almeno tutta questa salivazione serva a qualcosa – però vomito lo stesso, bile. La diarrea è impressionante, non rischio la disidratazione solo grazie alla fisiologica che mi consente di tollerare i chemioterapici.

Quando me la sento guardo qualche film sul computer, una partita in televisione. Ci sono le semifinali degli Europei. Li ho giocati anch'io, gli Europei, e li ho vinti. Fra pochi giorni inizia il campionato e mi toccherà guardarlo da fuori. È la prima stagione che salto, da tredici anni a questa parte. Non pensavo che la pallavolo mi sarebbe mancata così tanto: non è solo il gioco, ma l'essere attivo, condividere il clima partita, incanalare l'adrenalina nell'azione. Forse però non è nemmeno la pallavolo, è che in questa situazione mi mancherebbe qualsiasi lavoro, qualsiasi impegno che non sia curarsi.

Dal secondo giorno Ale a malincuore torna a casa a dormire, per Carolina. Non vogliamo che si spaventi troppo: sa che il papà è ammalato, e se non vedesse tornare nemmeno la mamma chissà cosa potrebbe pensare. Ale è tranquilla, però, perché gli infermieri e le infermiere sono molto teneri: si prendono cura di me come farebbe lei. E, già che ci sono, si prendono cura anche di lei: alle 6.30 del mattino, quando cambia il turno, le telefonano per dirle come è andata mentre lei non c'era.

Di notte mi tengono la mano, mi accarezzano, non mi fanno sentire mai solo. La nausea è devastante. Le gocce cadono, cadono, cadono, run, run, run... Le sento entrare dentro di me, una dopo l'altra, e fare danni. Non posso guardare le sacche, mi fanno impressione; se mi soffermo un istante di troppo mi viene da vomitare. Un farmaco è rosso, un altro trasparente, altri non lo so perché sono fotosensibili e quindi protetti con della carta stagnola.

Cerco di conservare la dignità, e gli infermieri me lo lasciano fare: non voglio essere aiutato in bagno, neanche per cambiarmi il pigiama o per pulirmi. Rimangono in zona, fuori dalla porta, a sbirciare con discrezione che non faccia danni. Se mi vedono in difficoltà mi offrono il loro aiuto senza che debba nemmeno chiederglielo.

Di giorno si alternano Ale e il babbo: non riesco a chiacchierare, non ho le forze nemmeno per stare alzato, o con la schiena diritta. Ale mi accarezza, non si allontana mai senza avvertirmi, mi tiene per ore la borsa del ghiaccio sulla fronte. Il babbo, per riempire le ore e il silenzio, rispolvera una pratica antica e mi legge un libro ad alta voce, *Il conte di Montecristo*. Mi resta incollata qualche frase qua e là, quelle che in qualche modo mi riguardano: "Dio vuole che l'uomo da lui creato, e nel cuore del quale ha profondamente scolpito l'amore della vita, faccia tutto ciò che può per conservare questa esistenza, spesso penosa, ma sempre cara".

Essere rimandato a casa mi sembra un sogno. Non avrò più le sacche di medicinali davanti agli occhi, avrò le braccia libere dagli aghi. Le vene del sinistro sono trombizzate, mi fanno male; la pelle è sottile come carta di riso, quella che se la pieghi nel modo sbagliato si rompe.

Tutto il resto dei problemi è ancora lì: non riesco nemmeno a stare sul divano, issarmi in piedi richiede parecchi minuti e uno sforzo quasi sovraumano. Quando vedo affacciarsi alla porta della stanza l'infermiera dell'Asl che deve farmi il prelievo mi sento svenire: ormai sono diventato insofferente al dolore, non penso di poterne reggere ancora.

In campo con la maglia di Perugia.

La straordinaria vittoria della Nazionale azzurra agli Europei del 2005 a Roma.

Io e Alessia in vacanza
in Messico nel 2006, quando le ho chiesto
di sposarmi. Dopo due anni… il 14 settembre 2008
abbiamo battezzato Carolina a Bagnaia.

© Guido Morozzi

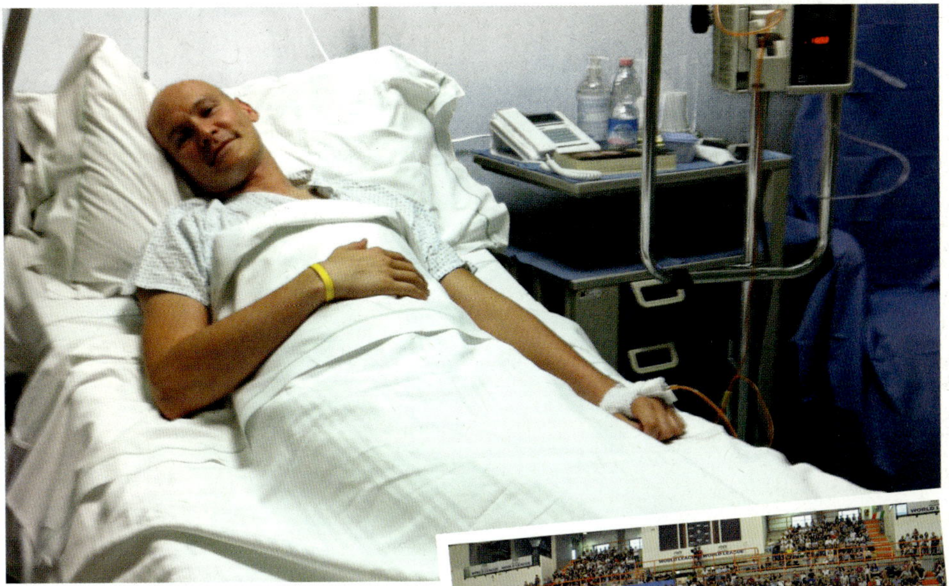

Sopra: una seduta di chemio ad alte dosi.
A fianco: lo striscione che mi hanno dedicato i ragazzi della Nazionale nel giugno 2011.
Sotto: d'estate, in una pausa dalle terapie, ci regaliamo una gita al lago Trasimeno.

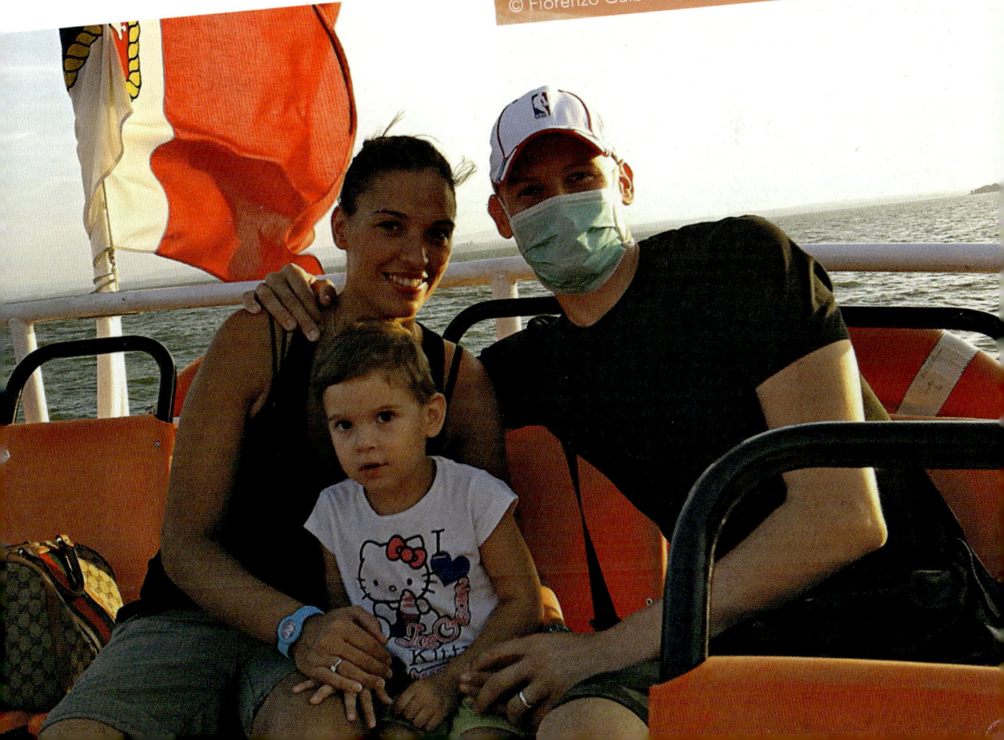

Nella pagina accanto, in alto: finalmente inizia la mia carriera 2.0: a fine maggio 2012 firmo il contratto con Trento e presento la maglia insieme al presidente Mosna.

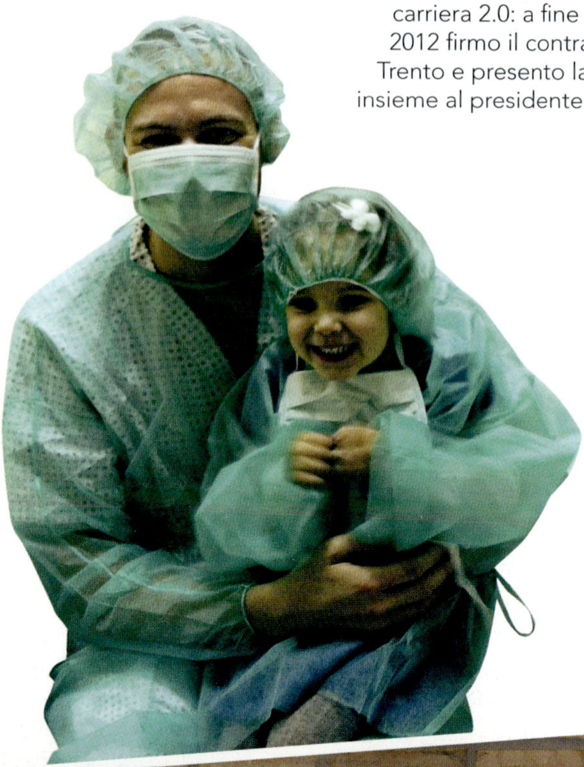

Carolina viene a trovarmi prima dell'autotrapianto.

È il 16 gennaio 2012: sono in remissione e posso festeggiare il giorno del mio compleanno a casa.

© Marco Trabalza

Il sogno è diventato realtà: con la mia nuova squadra, il Trentino Volley, ci aggiudichiamo il Mondiale per Club.

© Marco Trabalza

Palla dopo palla siamo arrivati alla finale Scudetto! È la partita della mia vita ed è un trionfo.

Sopra: consegno al professor Falini la prima donazione dell'Associazione Giacomo Sintini. *Sotto:* non potevo non condividere con i miei medici il premio di miglior palleggiatore della finale Scudetto.

Anche se l'ago è piccolo e l'infermiera delicata. Anche se è solo un prelievo di routine.

Tanti mesi di sofferenza sfiniscono. Sono ossessionato dalle cure, mi fanno più paura della malattia. Quando al mattino mi sveglio e vomito ancora una volta, con tutte le mucose – quella dello stomaco, dell'intestino, dell'esofago, della bocca – ricoperte di lesioni, il male è lancinante. Il disgusto è lancinante: mi faccio schifo, mi fa schifo il mio odore, l'odore del mio fiato, l'odore del mio vomito. La chemio è diventata il mio mondo: ha colonizzato il mio corpo imponendomi le sue regole – altera i sapori, i profumi, detta il ritmo delle mie giornate. Devo tenere sempre la mascherina, devo annusare il mio respiro caldo e ripugnante, devo lavarmi spesso le mani, sono troppo stanco per parlare, per ascoltare, per alzarmi, per vivere. "Che cos'è la morte per me? Un grado di più nella calma, forse due nel silenzio": un'altra delle frasi che, non a caso, mi rimangono impresse. Mi balena il pensiero che la morte possa essere un sollievo, non l'assenza di vita.

Quando mi chiedo perché sto continuando a curarmi, succede sempre qualcosa.

Carolina mi imbocca. Non riesco a portarmi il cibo alla bocca e lei, con un cucchiaino dei suoi, quelli colorati, mi imbocca lentamente, un bocconcino per volta, aspettando con pazienza che deglutisca prima di passarmene un altro. Vorrei abbracciarmela e tenermela vicino, fare il riposino insieme come prima, ma non ci riesco. Se si muove troppo o se fa rumore mi scoppia la testa, sale la nausea e sono costretto a pregare Alessia di allontanarla con una qualche scusa. Non capita quasi mai, per la verità: Ale capisce prima di tutti di cosa ho bisogno, non faccio in tempo a chiedere che lei ha già pensato a tutto, mi ha già spianato la strada. Sembra non stancarsi mai. Se il mio piatto preferito, appena sfornato con amore, quel giorno mi fa venire da vomitare, mi cucina qualcosa di diverso. Se io insisto per farmi la doccia da solo o andare in bagno da solo, si ferma nelle vicinanze fingendo di dovermi dire qualcosa di fondamentale proprio in quel momento lì, per controllare che non cada. Se nota che faccio troppa fatica, che non ci riesco, mi aiuta, con una naturalezza che mi spiazza.

Alessia è il mio angelo custode. Senza di lei e senza nostra figlia non avrei la risposta a quella domanda: «Perché curarmi ancora?».

Nei momenti peggiori, quando gli effetti collaterali superano il mio limite di sopportazione, il suo fare silenzioso e amorevole senza pause mi arma contro il rischio grande di questa malattia: lasciarsi andare. Alessia mi afferra per i piedi e non mi molla. Carolina sui miei piedi si appollaia direttamente, in fondo al letto, e rimane lì con me, nella penombra, a succhiare la sua copertina e a guardarmi con amore mentre dormicchio o cerco di tirare avanti.

Grazie a loro lasciarsi andare è solo una tentazione. Forte, ma passeggera.

È più facile lottare per gli altri che per se stessi. Se fossi da solo, forse mi arrenderei. Ma non lo sono.

Non posso mollare, quando Alessia e Carolina fanno tutto il possibile perché non accada. Mi trovo a ringraziare: meno male che è successo a me e non a una di loro. Dio ha un disegno, e se ha imposto questa prova a me è perché posso superarla. Posso farcela.

Prego molto. Don Francesco mi ha insegnato che basta anche solo nominare Gesù: è già una preghiera molto potente. Lo ripeto come una cantilena, milioni di volte, quando non riesco a tenere insieme una frase tutta intera, fosse anche l'incipit di una preghiera di quelle che impariamo quando siamo bambini e non dimentichiamo più.

Ripeto «Gesù, Gesù, Gesù» e offro la mia sofferenza a Dio, per non sentirmi solo nel mio letto, ma parte di qualcosa di più grande, magari strumento di guarigione per qualcun altro.

La ripresa arriva con una lentezza esasperante e con l'aiuto di un ennesimo fattore di crescita. Ma arriva. Nel giro di un paio di settimane mi spunta persino un filo di barba. Non posso radermela perché, con le piastrine e i globuli bianchi bassi così, il minimo taglietto potrebbe provocarmi qualche infezione, ma va bene comunque: emaciato, pallido, ma è mio il volto che vedo nello specchio.

Una cosa positiva c'è: il mondo della pallavolo, compresi i giornalisti sportivi che ho incrociato negli anni, continua a farsi vivo per sapere come sto. Sento che posso fidarmi e racconto tutto: come procedono le terapie, le mie preoccupazioni, i timori. Nessuno strumentalizza le mie parole. Nessuno si permette di formulare ipotesi sul mio rientro o meno. Non esce una riga su nessun quotidiano, rivista, blog o giornalino della parrocchia che sia. Mi sento rispettato, come persona prima ancora che come giocatore. È bellissimo sentire questo interesse sincero e attento, non invasivo, e non dovermi preoccupare di "gestire mediaticamente" la mia malattia.

Esco di casa per la prima volta il 30 settembre, per andare a parlare con l'anestesista. Le mie vene non sopportano più il passaggio dei farmaci, così tra un paio di giorni mi metteranno il *port-a-cath*, "port" per gli amici, un accesso diretto alla vena succlavia attraverso il quale faranno passare le terapie e che mi eviterà buchi nelle braccia e nelle mani. L'intervento è una sciocchezza, si fa in ambulatorio, ma mi fa paura: non voglio sentire ancora dolore, non voglio che mi facciano altre punture, non voglio che mi taglino.

Sono con il babbo e Alessia, che provano a tranquillizzarmi, ma più di loro possono il sole e l'aria fresca dell'autunno. Sono tutto bardato, ma sono fuori, e cammino.

È una parvenza di normalità dopo settimane in cui sono rimasto confinato in casa, senza vedere nessuno. La chemio isola, isola te e chi ti sta vicino: sei sfinito per ricevere visite, sfinito per uscire, sfinito per parlare. E poi c'è il problema delle infezioni.

In ospedale ormai conosco tutti: professori, infermieri, dottori, operatori sanitari, pazienti, parenti dei pazienti. Tutti noi che portiamo la mascherina ci riconosciamo al volo: abbiamo gli stessi occhi tristi. Ci sorridiamo con quelli, perché la bocca non si vede, e ci scambiamo storie e carezze leggere sulle spalle o sulle braccia, per farci coraggio. Come fratelli.

Quel giorno in sala d'attesa Alessia riconosce una donna. Cammina di fretta tra le sedie, verso gli studi medici. Io non l'ho mai vista, Ale l'ha conosciuta in luglio al compleanno di un compagno d'asilo di Carolina. Non ero riuscito ad accompagnarla e lei era lì, nel prato, da sola in un mondo di coppie, nel suo vestitino blu, con l'aria della più triste della festa. Le passò accanto una ragazza bellissima, vestita elegante, con il viso dolce e un profumo buonissimo. Era lei.

«Giulia?»

«Sì, sono io. Ma tu chi sei? Quando ci siamo viste?». È sconvolta, pallida, non abbiamo idea del perché sia lì e non insistiamo. Ale le racconta brevemente dove si sono incrociate e lei la ascolta distratta, si vede che ha altro per la testa. Riprende la sua strada mentre si avvicina a noi sua sorella: «Ciao ragazzi, scusatela, le hanno appena diagnosticato un linfoma. Voi la conoscete?». Si fa raccontare daccapo la storia di questo incontro e ci lascia il suo numero: «Telefonatele, per favore, telefonatele». Rimaniamo un po' così, straniti, però prendiamo il numero e promettiamo di chiamare nei prossimi giorni.

Assorbita la botta, scopriamo in Giulia una persona che ci assomiglia. La chiama Alessia, per farle il suo in bocca al lupo e condividere con lei la nostra storia. Nel giro di qualche settimana le telefonate diventano appuntamenti fissi e proviamo a darle una mano con le informazioni che abbiamo raccolto in questi mesi. Finiamo per ridere insieme delle cose più disparate: «Alessia, ho letto che fra gli effetti collaterali c'è anche la voglia di suicidarsi, ma è vero?». Oppure, mentre ci chiede se il cortisone provoca anche a me gli sbalzi d'umore, si sente in sottofondo sua sorella che commenta: «Guarda che il cortisone ti sta rendendo normale!».

Il 3 ottobre mi mettono il port. Entro nell'ambulatorio e mi sdraio sul lettino sentendomi un condannato a morte. L'anestesista prende la siringa e mi fa una puntura sulla spalla. Mi fa male, mi sento svenire, non ne posso più, non voglio stare lì, voglio alzarmi e provo a farlo ma il primario mi ferma: «Giacomo, in Ematologia hanno insistito perché te lo impianti io».

Tutto è diventato un problema, anche questo intervento minuscolo. Ogni buco è un potenziale canale per le infezioni, ogni corpo estraneo è un rischio.

«Dopo questo intervento devo partire. E non puoi rimandarlo, Giacomo: Falini, Falcinelli, la Capponi, tutti in Ematologia mi hanno detto che è importante che lo facciamo oggi, perché dovrai fare altri cicli pesanti con ricovero. Devo impiantartelo per forza adesso.»

A volte la forza sta nello smettere di ribellarsi. È questo il caso.

Il professore cerca di distrarmi raccontandomi barzellette maschiliste, che fanno arrossire la ferrista e le altre infermiere che circolano nella stanza. Mi strappa una risata, ma a denti stretti. È velocissimo e davvero bravo: incide, fa passare una guida all'interno della succlavia, inserisce il dispositivo. Quando ha finito ho una scatolina che mi spunta dal petto, a destra. Tutti i passaggi da fuori a dentro e da dentro a fuori – prelievi, flebo, terapie – avverranno lì.

Lato positivo: niente più buchi nelle braccia. Lato negativo: nell'abbracciare o stringere Carolina dovrò stare ancora più attento. Se dovesse colpire o toccare con poca delicatezza il port potrebbe ferirmi. Torno a casa un po' infastidito: i punti tirano, il taglio fa male, ma soprattutto ogni passo avanti corrisponde a una nuova difficoltà nella mia vita, un nuovo ostacolo da superare. Sono di cattivo umore. Mi consolo pensando che manca ancora un po' al sesto ciclo di chemio.

Mi sento abbastanza bene e ho bisogno di accumulare energie e motivazione per affrontarlo. Con Alessia ci sediamo a tavolino e programmiamo tutta la settimana: una cena con i suoceri, una con Riccardo e la sua fidanzata, una passeggiata... Decidiamo anche di andare a vedere una partita del Perugia: domenica gioca in casa contro Ravenna.

La domenica mattina, però, mi chiamano dall'ospedale: «Giacomo, abbiamo due notizie. La prima, che il fattore di crescita ha funzionato, gli esami sono buoni. La seconda, che si è liberato un posto letto e devi entrare stasera».

La tristezza è un velo che separa dal mondo. Scende all'improvviso, come adesso, staccandomi da tutto: devo già ricominciare, devo già subire altre cure. Esimermi è fuori discussione: i letti sono in numero limitato e non sono in condizione di poter rimandare.

Sono pronto, vestito per uscire. Ho bisogno di sedermi. Dall'altra parte mi rassicurano: «Puoi entrare fino alle 11 di sera. Se vuoi arrivare dopo cena per noi va bene».

Non voglio. Alessia mi coccola un po', mi dice: «Amore, ma che vuoi che sia, ne hai già fatti tanti, ormai ci siamo!». Mi fa sentire forte, disciplinato, instancabile: mi fa sentire un atleta. E decide d'ufficio che entrerò dopo la partita. Per la cronaca, Perugia vince 3-2 contro Ravenna.

Io provo a segnare un altro punto contro il cancro.

Sono commosso dal numero di chiamate e di SMS che ricevo anche questa volta, non solo dagli amici ma dalle persone più inimmaginabili – del mondo della pallavolo, ma non solo. Il paese dove sono cresciuto coccola i miei genitori mostrando la sua vicinanza, e allo stesso modo fa quello in cui vivo con Alessia; giornalisti, allenatori e giocatori continuano a chiamare, rispettosi e delicati.

Mi sento circondato da amore. Un amore non scontato, non dovuto. Un amore caldo, nel quale accoccolarsi d'inverno per proteggersi.

Tutte le persone che collaborano alla mia guarigione sono talmente speciali: il luogo nel quale mi trovo potrebbe essere una vetrina di sciagure di forme diverse, invece ci si respira positività, affetto, fratellanza. Ci sono i crocifissi in ogni stanza, le madonnine, i fiori, i tavoli con le sedie colorate in corridoio; circolano dottorandi che si prendono cura di me come fossi un fratello; gli infermieri, i dottori, gli operatori sono tutti attenti, vitali, in movimento.

Il primo giorno reggo le terapie lievemente meglio del ciclo precedente: riesco a interagire con il frate dell'ospedale, che mi confessa e mi legge il Vangelo, e con Falini, che fa due passi con me in corridoio e rimane al mio fianco con pazienza mentre metto con fatica un piede davanti all'altro. È ottimista per la PET che abbiamo fissato alla fine del mese e che ci dirà a che punto siamo.

Tutto il resto è nausea, il solito logorante dolore che si manifesta in migliaia di forme, diverse e sempre nuove: nella bocca, sulle braccia, alle ossa. Rimango stordito per ore, passando dal sonno alla veglia senza nemmeno accorgermene, e ringraziando che sia così – se dormo non sono di nuovo in bagno a vomitare o a dare di corpo. Se dormo non sono costretto a sentire il mio odore peggiorare goccia dopo goccia, né a percepire i medicinali che fluiscono lentamente dentro di me, distruggendo per curare.

9

Quando le alte dosi hanno fatto per bene piazza pulita e io sono in ripresa, vengo convocato per la raccolta delle cellule staminali. Il 24 e 25 ottobre, in day hospital, una macchina, il separatore cellulare, divide le staminali dal mio sangue e le raccoglie in apposite sacche.

Questa volta non sono solo. Nel lettino accanto al mio c'è Franchino: più grave di me, ha una leucemia molto aggressiva che, tra gli altri regalini, gli ha donato anche un colorito tra il grigio (sul volto) e il violaceo (sulle gambe). La sua malattia non risponde come dovrebbe alle terapie e lui è costretto a ricoveri lunghissimi. Ciononostante ha un atteggiamento solare e comunicativo: abbiamo l'iPhone tutti e due, solo che lui lo sa usare molto meglio di me e, tra una flebo e un prelievo, mi guida alla scoperta delle applicazioni e dei giochi più nuovi. Rimaniamo soli ore e ore, parliamo di un sacco di cose: del cancro, dell'impatto che ha avuto sulle nostre vite, della paura delle cure. Dopo due giorni sono più in confidenza con lui che con tanti dei miei conoscenti, con cui ho trascorso il triplo del tempo. Forse è l'ospedale a unire così: nei mesi scorsi ho abbracciato davvero, con naturalezza, decine di persone conosciute da pochi minuti. O forse è questa sorta di destino comune, contro il quale ciascuno di noi lotta con le armi che ha.

Le staminali sanno di tartufo: o meglio, loro sono inodori e incolori, è il liquido nel quale si conservano a mandare questa sorta di profumo, diversissimo da quello di disinfettante, onnipresente in ospedale. È un odore fuori contesto, che aumenta man mano che aumentano le sacche: mi prelevano molte cellule perché, nel caso la malattia si ripresenti, non dovrò più sottopormi alle alte dosi e potranno procedere direttamente all'auto-trapianto.

Quando mi staccano dalla macchina per la circolazione extracorporea, da bravo soldatino mi presento da Falcinelli per ricevere gli ordini che, per fortuna, sono concilianti: «Adesso vai a casa, devi recuperare e basta. Quando gli esami del sangue saranno buoni, allora valuteremo il da farsi».

Non me lo faccio dire due volte. Vado a casa di corsa, a recuperare la mia vita.

Novembre è un mese abbastanza bello: in una giornata di sole prepariamo tanti panini e ci regaliamo un pic-nic in collina, a Preggio, vicino al nostro paesino. Carolina si diverte e passiamo tutti e tre un po' di tempo insieme con un minimo di serenità, facendo spazio anche ad altro, oltre alla malattia.

Vado ad assistere tranquillo a qualche allenamento della squadra di serie A1 di San Giustino, a un'oretta di strada da casa. Ogni tanto con Alessia, ogni tanto da solo, e sono fiero di riuscirci.

Mi godo mia moglie e mia figlia. Andiamo ad assistere a una gara di corsa di Carolina, che arriva quarta ma è contenta come una pasqua perché siamo tutti lì schierati: mamma e papà, i nonni e lo zio Luca. La Nata cerca ogni tanto di farla parlare della mia malattia, ma Carolina non ci riesce: è molto chiusa, cambia discorso. Alessia è stata bravissima nel rassicurarla, tutti sono stati bravissimi, tra poco ci toccherà prepararla a un nuovo cambiamento, ma per adesso – in attesa della nuova PET e della strada che si disegnerà davanti a me – cerco di esserci per lei a tempo pieno. Stando attenti al port, giochiamo brevemente, facciamo il riposino insieme, le leggo le storie, la accompagno al parco, la spingo sull'altalena, la guardo andare in bicicletta.

Il 20 accetto l'invito di Lorenzo Dallari a comparire su Sky Sport per commentare insieme a lui e ad Andrea Zorzi una partita della World Cup, Iran-Giappone. È la mia prima apparizione pubblica da giugno: per l'occasione, mi compro una giacca blu. Sono sempre il solito pelato ma l'ombra di barba e capelli che non posso tagliare e le guance inaspettatamente cicciotte mi danno una faccia sana da persona in via di guarigione. Dallari durante l'intervista mi fa notare che parlo sempre al plurale, ed è vero. Quando racconto la mia esperienza è tutto un "facciamo-speriamo-crediamo-combattiamo": anche guarire è un gioco di squadra. E non solo perché senza Alessia o il babbo o i medici o il Signore banalmente sarei perduto, ma perché senza la forza che mi deriva dalla mia famiglia, dall'équipe che mi cura e da Dio davvero non potrei combattere.

È con loro che mi preparo all'ultima salita. E lo faccio come se fosse un match. Mi confesso, mi concentro, raccolgo tutto lo spirito combattivo che ho, assorbo energie da chi mi sta vicino perché so che, durante le terapie, avrò la tentazione di lasciarmi andare, e non voglio farlo. Ripasso i risultati positivi ottenuti contro il mio avversario e penso che manca un pezzetto faticosissimo, dolorosissimo, ma lungo così. Le espressioni totem sono "andiamo avanti", "ce la possiamo fare", "teniamo duro", "forza e coraggio". Le uso per chiudere ogni frase, le ripeto a tutti coloro con cui parlo del trapianto: ho bisogno di immagazzinare riserve di tenacia, per non mollare quando la terapia proverà a piegarmi.

Il 16 novembre don Peppe organizza una preghiera per me. La comunità si riunisce e viene aperta la Bibbia a caso, per chiedere a Dio una parola che mi accompagni per il tratto di strada che mi accingo a percorrere. Il mio brano è questo: "Abbi un cuore retto e sii costante, non ti smarrire nel tempo della seduzione. Sta' unito a Lui senza separartene, perché tu sia esaltato nei tuoi ultimi giorni. Accetta quanto ti capita, sii paziente nelle vicende dolorose, perché con il fuoco si prova l'oro, e gli uomini ben accetti nel crogiuolo del dolore. Affidati a Lui ed Egli ti aiuterà; segui la via diritta e spera in Lui".

Immagino già di far incidere queste parole e di appenderle nella casa nuova che costruiremo. Per ora, però, le trascrivo su un foglietto da poter rovinare e le metto da parte per quando dovrò tornare in ospedale.

Ormai è un rito: a Foligno ci andiamo io e il babbo e Alessia, da soli. La PET: roba da duri.

L'infermiera trasgredisce una regola: mentre siamo in corridoio ad aspettare i risultati, mette fuori la testa, si guarda intorno e ci spiffera «La malattia non c'è più». Le lesioni si vedono, ma sono ombre opache, spente, morte. Se fossero ancora attive sarebbero gialle, invece sono nere. Non esiste macchina in grado di rilevare la presenza di una singola cellula tumorale, in giro potrebbero essercene, quindi non si può essere certi di aver debellato la malattia finché non sono passati cinque anni dalla remissione totale (due se si fa l'auto-trapianto), ma questo risultato fa comunque ben sperare. Chiediamo a don Francesco di celebrare una messa per ringraziare il Signore e tutti coloro che hanno pregato per me, per noi.

Non riesco a gioire, però. Sono contento che gli sviluppi siano buoni, ma sono preoccupato: mi attendono sette giorni di chemio (le cosiddette dosi sovramassimali), poi un giorno di pausa, poi l'infusione delle staminali. So che sopraggiungeranno la nausea, il vomito, la mucosite, la diarrea; so che mi cadranno di nuovo i capelli. So che sarò immunodepresso per varie giornate, con il midollo azzerato; che avrò bisogno di trasfusioni per recuperare globuli rossi e che, invece, dovranno essere le staminali a occuparsi della rinascita dei globuli bianchi, una volta attecchite. Se va tutto bene, forse uscirò per Natale.

Ho letto in un libro che il coraggio non è assenza di paura, ma è la capacità di affrontare la paura. Allora, se ho così paura, devo per forza essere un vero coraggioso!

Più ancora di non tornare a casa, è il dolore ad annichilirmi. Sono mesi che uso tutte le parole che conosco per definirlo: lancinante, devastante, logorante, acuto, intenso, insopportabile, penetrante, agghiacciante, violento, straziante. Il dolore si irradia, brucia, pulsa, batte, martella; oppure è sordo, cupo, profondo, nascosto, e allora rimane lì, accucciato, come un predatore nell'ombra pronto ad attaccare. Il dolore ha tante facce: talvolta è un episodio passeggero e traumatizzante, altre volte è continuo e sfinisce, altre volte ancora è semplicemente la somma di una quantità inimmaginabile di malesseri, di sintomi, di effetti collaterali.

Credevo che il dolore alla costola fosse il peggiore che avessi mai sentito. Poi ho sperimentato la biopsia ossea. Poi ho fatto le chemio di prima linea. Poi ho fatto le alte dosi.

Sono stanco. Presto sarò intontito dai farmaci, ma per ora sono solo stanco. Spero che quella che mi aspetta sia l'ultima salita, e spero di potere davvero – e tra poco – mettere la parola "fine" a questa storiaccia e tornare alla mia vita. Ai miei allenamenti. Negli ultimi nove mesi non so se ho passato più tempo sdraiato che in piedi. È da aprile che non faccio nessuna attività sportiva, a parte le quattro bracciate in piscina – e sarebbe stato meglio se fossi rimasto a casa.

Falcinelli ha provato a rassicurarmi: «Giacomo, non è detto che se hai sofferto molto per le precedenti terapie soffrirai molto anche per queste...» ma di notte – quando la razionalità va a farsi benedire – cerco di immaginare cosa ci possa essere di peggio di quello che ho già passato. Di giorno mi dico «avanti, che è l'ultimo sforzo», ringrazio chi ha inventato la tecnica dell'auto-trapianto. Di notte tremo all'idea di non tornare a casa, di provare ancora dolore.

L'impresa maggiore dei giorni che precedono il ricovero è tenere a bada l'ansia.

Mi aiuta il fatto di vedere nello specchio Jack, non il malato: sono almeno cinque settimane che non faccio chemio, mi sono ricresciuti i capelli, mi è spuntata la barba, sono un po' dimagrito – mi assomiglio. Non mi aiuta tanto, invece, il dover sostenere il solito carosello di esami pre-chemio: ecocardiografia, spirometria e, questa volta eccezionalmente, orto-panoramica. Anche un ascesso o una carie potrebbero essere canali di ingresso per infezioni potenzialmente letali, quando sarò immunodepresso. La bocca è a posto, quindi mi ricoverano.

Entro con il computer, che aprirò due volte, dei libri che non leggerò, un fazzoletto imbevuto del profumo di Alessia che preferisco e un disegno di Carolina, Barbapapà tutto rosa con i capelli neri: sono io.

È il 25 novembre. Comincio le prime flebo e sacche di buon mattino, con la fisiologica e l'antivomito. Il primo farmaco si chiama fotemustina e non mi dà particolari effetti collaterali. La nausea fa capolino il secondo giorno, ma è sopportabile al punto che riesco a mangiare volentieri il minestrone dell'ospedale.

Queste due giornate sono tutto sommato positive. Falini passa a trovarmi e, insieme al mio inseparabile bastone per la flebo, facciamo una passeggiatina nel corridoio. È fiducioso: «Siamo sulla strada giusta» mi dice.

Cerco di godermi ogni momento perché so che starò male: parlo con Alessia, con il babbo, mi faccio un paio di docce, guardo il sole fuori dalla finestra. Riesco persino a dormire. Gli infermieri mi incoraggiano a fare più giretti che posso, camminare aiuta il circolo dei farmaci. Al braccio del babbo incontro Franchino. Non ha una bella cera, ma chiacchieriamo come pochi giorni prima. La sera chiedo di lui a una delle infermiere, Vanessa: «Eh, sta male...».

«In che senso sta male? Per le chemio?»

Vanessa prova a cambiare discorso, a distrarmi, ma mi è già venuta l'ansia. La bersaglio di domande finché non cede e mi confessa la verità: «È entrato in coma». Morirà il giorno successivo.

Il giorno prima ci sei, il giorno dopo non ci sei più. Lo so che è normale: la morte fa parte della vita. Ma siamo abituati a pensarci in termini di ingiustizia generica: è morto, che peccato, era un così bravo ragazzo, era così giovane, non beveva e non fumava. Di solito guardiamo da fuori, sbirciamo come a teatro, dal nostro palco protetto, sporgendoci quel tanto che basta a soddisfare la curiosità e a non rischiare di sporcarci con un destino simile. Chi l'ha detto che questo basterà a tenerci lontani? Chi l'ha detto che non ci capiterà, un bel giorno, di doverci compromettere per forza?

A me è capitato. Di anni ne ho trentadue. E ragionare in termini di ingiustizia non mi aiuta molto.

Trovare un senso nelle vicende dolorose, questo mi aiuta. Mi dà uno scopo. E la forza per trasformare un ostacolo in un'opportunità. È il grande regalo della fede. Riuscire a chiedermi, mentre me la sto facendo sotto per Franchino, per me, per mia figlia e per Alessia, e sono terrorizzato dal far soffrire le persone che amo, e dal soffrire io nelle prossime settimane: "Come posso trasformare tutta questa sofferenza in qualcosa di positivo?". Prego moltissimo. Mi tengo vicino il mio brano della Bibbia e lo rileggo spesso. Mi sembra che Dio mi stia dicendo: "Stai tranquillo, fai quello che devi fare ma sappi che io sono con te. Confida in me, abbi fede e vedrai che ne usciremo".

Ho bisogno di crederci con tutta l'energia che ho, altrimenti sarebbe stato tutto inutile. Altrimenti sarei da solo in questa lotta, sarei impotente.

Dopo qualche giorno, dato che sto ancora decentemente, o almeno sono in grado di alzarmi in piedi, chiedo di vedere Carolina. Prima che mi ricoverassero le abbiamo detto con due grandi sorrisi che per qualche tempo avrei dormito a casa del dottore, per fare delle punture che sa fare solo lui. I miei valori hanno cominciato a oscillare verso il basso e non possiamo rimandare.

Non voglio che mi veda a letto. Mi metto un pigiama di quelli che conosce, le ciabatte e mi faccio più bello che posso, compatibilmente con la nausea, il pallore, la fatica e la lentezza nei movimenti. Esco dalla stanza e raggiungo la sala riunioni. Sono emozionato. Dopo qualche minuto arriva lei, con Alessia: è tutta gasata per la vestizione da reparto sterile, ha in testa una cuffia grande tre volte i suoi berretti. Colora e disegna in braccio alla mamma, sembra tutto a posto.

D'accordo con me, Ale nei giorni scorsi ha provato a prepararla alla possibilità che mi succeda qualche cosa di brutto. Non vogliamo dirle troppe bugie, non vogliamo rassicurarla allo sfinimento e, poi, che si trovi di fronte a una realtà enorme, senza nessuno di cui fidarsi. Ha provato a spiegarle che a volte Gesù ha bisogno lassù delle persone proprio buonissime, proprio bravissime, e le fa diventare delle stelle un po' presto. Carolina ha risposto: «Non voglio che il mio papà diventa una stella», e poi è tornata a giocare.

Adesso sembra che non abbia nessuna paura: si comporta come sempre. Quando è ora di andare mi abbraccia forte, «Il mio papà, il mio papà!», mi dà un bacino e va via, lasciandomi lì con il cuore spezzato. E se non la vedo più? Mi sento un funambolo sospeso a migliaia di metri da terra: potrei entrare in coma, morire e non vedere più nessuno. Carolina, Alessia, i miei genitori, i miei fratelli, i parenti, gli amici: tutti spariti in un attimo. Non potrei nemmeno salutarli tutti: Alessia e il babbo si alternano ventiquattr'ore ore su ventiquattro, ma gli altri? Non posso ricevere tante visite, quella di Carolina è uno strappo alla regola – o un regalo, da un altro punto di vista.

In macchina verso casa Carolina non dice nulla, lei che di solito parla a macchinetta. Arrivati proprio sotto casa, Alessia le chiede cosa c'è: «Amore mio, ti ha fatto paura vedere il papà così? C'è qualcosa che ti ha turbato?» e prova a tranquillizzarla. Caro scoppia in un pianto quasi isterico: «Io ho paura che il mio papà non lo vedo più».

Me lo racconta il pomeriggio stesso, con i lacrimoni. Le ha dato l'unica risposta possibile, cioè che non si deve preoccupare, che se la mamma dice che il papà torna, il papà torna, e guarito. E nella casa del dottore non ci torna più.

Improvvisamente, dopo aver tenuto duro per giorni, crollo. Piano piano la nausea da lieve diventa intensa. A essa si sommano il respiro affannoso, poi la stanchezza cronica, il vomito, la diarrea, la mucosite in bocca e all'intestino, la difficoltà nel camminare.

Passo il tempo nella penombra, a letto. Fisso i contorni del mio microscopico orizzonte: il soffitto bianco a quadrati, cinque quadrati per sei, la porta del bagno, bianca e grande, le pareti lavabili, la poltrona blu dove siede il babbo, la piccola scrivania colonizzata da oggetti che non uso: libri, computer, telefono.

La camera ha l'odore classico del disinfettante; il bagno ne ha uno diverso, mi stimola i conati. Appoggio il fazzoletto di Alessia su una mensolina appena oltre la porta, come la varco me lo premo sul naso e la bocca: annuso il suo profumo mentre mi lavano, mentre do di corpo, mentre vomito.

Per sopportare la mucosite mi somministrano la morfina: ho la bocca, le labbra, e giù tutto il tubo digerente tempestato di vesciche che rischiano di infettarsi e un po' sanguinano. Le gengive mi sanguinano. Non riesco a mangiare, fatico a parlare, a deglutire. Sogno un bicchiere d'acqua fresca, da mandare giù tutto intero, in un sorso solo. Mi idratano con le flebo, mi imbottiscono di sali e di zuccheri, ma dimagrisco. Me lo dice Alessia, io non mi vedo. Non mi voglio guardare.

Mi faccio schifo. La mia pelle manda l'odore dei farmaci. Ho il respiro pesante delle persone malate, che sa di terra, di disinfettante e di ferro. Succhio qualche Morositas e bevo i miei sorsini di Coca-Cola, ma non è abbastanza per togliere il saporaccio che sento. Anche i sensi non rispondono più a me, ma alle chemio: non riconosco più tutti gli odori, non distinguo i sapori.

Mi sporco continuamente, sputo continuamente, devo andare in bagno continuamente. Devo chiedere aiuto continuamente. Voglio fare da solo ma non ci riesco. Voglio fare la doccia, voglio svestirmi e vestirmi, voglio cambiarmi, ma non ce la faccio. Le gambe non mi reggono. Spesso mi sento svenire anche sdraiato, a letto. Mi prende il panico e chiamo aiuto: Ale mi solleva le gambe e le tiene in alto finché il sangue non mi è defluito al cervello. Non voglio svenire: se mi lascio andare muoio, se mi lascio andare non la vedo più. Cerco di rimanere vigile, gli occhi fissi sull'immagine sfocata di Alessia tutta verde con le braccia alzate, che piano piano riprende i suoi contorni.

Non voglio la padella e dopo un po' nessuno insiste più. Gli infermieri sono angeli che entrano ed escono per rientrare cinque minuti dopo, anche solo per buttarmi via il fazzoletto bagnato nel quale sputo. Si fermano a parlare delle cose belle: Elisa una notte rimane per ore a chiedere ad Alessia di Carolina, io lo sento che sono lì vicino e che parlano di lei; Mauro ci racconta di sua figlia. E poi mi lavano, mi cambiano il letto anche due volte al giorno, mi mettono pigiami nuovi. Mi accarezzano, mi tengono la mano, mi dicono «Passerà». Non gli credo. Non crederei a nessuno. Mi sembra un modo ingenuo per tranquillizzarmi. Sono convinto che, se vivrò, sarà per sempre in questo modo, fino alla morte.

«Vi lascio la pace. Vi do la mia pace.» È la frase che mi separa dalla disperazione. Posso stare in alto, sulla croce con Gesù, a vivere l'agonia e a provare pace, o giù in fondo, nell'abisso della disperazione. Prego Dio e lui mi dà la forza per rimanere in alto, Alessia mi dà la forza per rimanere in alto. Tutta la mia famiglia lo fa. In alto, anche se il mio corpo mi disubbidisce – e mi disubbidisce tanto –, anche nella sconfitta, ho salva la dignità.

Il decoro passa attraverso la pulizia. Non riesco a stare in piedi ma voglio fare la doccia, voglio accorciare quella poca barba che ho, voglio tagliarmi le unghie. So di non poterlo usare, ma mento ad Alessia per farmi portare il tagliaunghie, che ovviamente non supera il controllo del reparto, dove sterilizzano tutto quello che entra.

Ho freddo. Il caldo è asfissiante, lo stesso che continua a scaldare la Coca-Cola e a renderla imbevibile in pochi minuti, ma io tremo. I brividi mi scuotono di giorno e di notte, nel sonno lieve indotto dai medicinali.

Mauro nel somministrarmi i farmaci mi comunica, nel dialetto della sua Città di Castello: «Cocco, stasera ci penso io a te! Vedrai che non senti niente!». Prende un bicchiere e:

«Adesso ci mettiamo un po' d'acqua!». Lo riempie per un dito di un liquido trasparente, ma sono gocce per stordirmi. «Prendi tutte queste robacce endovena! Ti faranno male due gocce? Bevi!» Butto giù e mi intontisco, ma non dormo.

Le notti sono impossibili. Devo andare in bagno almeno otto-dieci volte. Il babbo mi accompagna. Mi infagotta sotto strati e strati di coperte, mi legge altri brani del *Conte di Montecristo*, ma le parole sono solo una melodia in sottofondo, scivolano via.

La notte penso alla morte: la corteggio, come se fosse un antidoto alla sofferenza che poi si smaltisce. Quando si avvicina troppo mi scosto di un passo, lungo abbastanza perché non arrivi a prendermi. "Potrei non svegliarmi più, potrei entrare in coma e non svegliarmi più" mi ripeto. Penso al sangue arancione che mi hanno prelevato – talmente povero da sembrare acqua colorata. Penso a Franchino, e chissà su quanti che ho incontrato mi hanno mentito. Tante volte mi assopisco e mi desto di soprassalto urlando: «Non sento più le gambe!». Mi sembra di essere paralizzato dalla cintola in giù. Alessia mi massaggia, sento le sue mani muoversi, e la circolazione riprende. Provo a scostare le lenzuola, a sollevare un piede, un ginocchio: solo riuscirci mi calma.

Un giorno il babbo accompagna in ospedale la mia mamma, la mia mamma fragile. Con gli occhi rossi, si siede accanto al letto e non lascia mai la mia mano. «Dài purì, che ce la fai» mi sussurra. Vorrei farle capire in qualche modo che starò bene, ma riesco solo a storcere le labbra in una specie di sorriso sghembo, che il momento dopo vorrei già dimenticare. La sera, a casa, mia mamma starnutisce: non potrà più tornare a trovarmi, e il babbo è costretto a tenersi a distanza da lei, perché con il raffreddore non potrebbe più entrare nemmeno lui.

Ballanti, il primario del reparto dove mi trovo, entra quotidianamente nella mia stanza. Accende la luce, io gli dico che mi dà fastidio; «Allora la spegniamo» fa lui e mi legge i miei valori. Non capisco niente ma lui insiste, «così sai cosa ti succede».

L'ultimo giorno di chemio sono felice: «Dottore, oggi è l'ultimo giorno di chemio della mia vita...».

«Bravo Giacomo! È così che si ragiona! È sicuro: questo è l'ultimo giorno di chemio di tutta la vita!»

È il primo dicembre. Il 2 pausa. Il 3 e il 4 mi infondono le staminali.

Andiamo avanti.

Poi il mio corpo prende fuoco: la mucosite si aggrava, mi riempio di pustole – sul petto, sulle braccia, sulle gambe, in faccia. È la follicolite. E mi viene la setticemia, un'infezione del sangue. La febbre sale oltre i 40 gradi. I dottori mi riempiono di antivirali e di paracetamolo endovena, ma sono immunodepresso e la febbre non scende.

Falini è negli Stati Uniti per un congresso, chiede aggiornamenti a Ballanti, che gli manda un SMS con scritto: "Tribola".

Falcinelli passa a trovarmi ma non lo vedo nemmeno: rimane sulla porta, senza il coraggio di entrare. Alessia fa per alzarsi, ma lui le fa segno di non muoversi. Ha gli occhi lucidi.

«Giacomo, mi dispiace, forse credeva di disturbare perché c'ero io. Forse dovevo uscire» mi dice Ale. Ma io lo so che non è così: io lo so che a noi si è affezionato e soffre troppo a vedermi in questo stato.

Sono scosso dai brividi. Il freddo mi mangia vivo, non sento più le dita delle mani, quelle dei piedi. Solo la fronte è bollente, voglio la borsa del ghiaccio. La voglio inclinata sul lato destro, in alto. Alessia sta in piedi per due, tre ore di seguito, col braccio teso, per tenerla ferma in quella posizione esatta, finché non si scalda, e allora bisogna prenderne un'altra. Vado in bagno venti volte al giorno. Non riesco a trattenere niente, nemmeno l'acqua. La bocca gronda saliva, sputo e sputo, ma se sputo troppo mi viene da vomitare. Se non arrivo in tempo al lavandino vomito per terra, vicino al letto, o lungo il percorso fino al bagno.

Cominciano le allucinazioni. Vedo degli insetti neri volare nella stanza, più grossi e più piccoli, delle farfalle, delle mosche: lo dico ad Alessia, che li scaccia con le mani. Mi faccio benevolmente intervistare da un giornalista, gli racconto i passi fondamentali della mia carriera, le vittorie più importanti – ma è il babbo.

Di notte mi imbottiscono di farmaci per dormire ma non posso addormentarmi finché non sono riuscito a uscire da un labirinto che ho in testa. Mi sembra che mi manchi una curva, devo solo girare a destra poi potrò dormire, ma giro a destra e c'è un vicolo cieco. Mi innervosisco, mi sveglio, torno indietro e la strada è cambiata. Mi arrabbio perché non mi oriento più, devo ricominciare tutto daccapo e il sonno scivola via, sempre più lontano, dietro una curva che non c'è, o dietro la curva giusta che io non riesco a trovare.

Una notte in un barlume di coscienza mi pare di vedere il babbo appoggiato al muro, di fronte al letto, agitato, con le braccia conserte. Scuote la testa. Una dottoressa mi misura i parametri in continuazione, mi ausculta, monitora il mio respiro, mi prova la pressione. Vuole escludere il rischio di versamenti nei polmoni, o di focolai di polmonite.

Quando recupero la lucidità mi chiedo dov'è Dio. E mi rispondo subito: Dio è in Alessia, è in mio padre, che mi raccolgono e mi portano avanti e indietro, senza costringermi alla padella. Dio è in Carolina e nella mia famiglia tutta, che sa fare squadra.

Dio è accanto a me ma non lo sento, anche se viene il frate dell'ospedale a darmi la comunione, anche se ho il mio brano della Bibbia vicino, anche se Gesù mi guarda dal suo monte di disperazione, lassù sul Crocifisso. Poi risprofondo nell'incoscienza, chiedo a mio fratello Mattia del suo lavoro – ma è il babbo, ancora una volta.

Ale fa venire don Francesco, che rimane con me tutta la mattina. Non lo riconosco. Prova a imbastire un discorso coerente ma gli rispondo che nella stanza ci sono le farfalle. Comincia a pregare, con la coroncina della Divina Misericordia tra le mani. Apre la Bibbia a caso e legge: «La pietra è rotolata via dal Sepolcro e un giovane informa i discepoli che Gesù non è lì, è risorto».

È un segno? Io questo non lo so. Però, più tardi, don Francesco non c'è già più, non mi sento punito da Dio. Non sento più il peso dello sconforto. Sento che Dio non mi ha lasciato andare, e non devo farlo io. Gesù sulla croce ha gridato, non ha accettato la sua sofferenza: l'ha trasformata in vita.

Finalmente, sento caldo. È il segnale che tutti aspettavano: il mio corpo sta tornando alla vita, ha cominciato a combattere. Sto guarendo.

«Babbo, mi puoi scoprire che sto sudando?»

«Sudi?! Ma come sudi?!» Mi fa un sorriso che credevo di non vedere più, e invece è lì di fronte a me: il mio papà con i denti tutti bianchi, che si agita attorno al letto movimentando coperte e lenzuola e suonando il campanello per chiamare gli infermieri.

Due al mattino, due a pranzo e due a cena, i medici mi bombardano di fattori di crescita – nella pancia, nella spalla. Il mio midollo comincia a combattere: i globuli bianchi salgono. La febbre cala rapidamente, fino a spegnersi.

Il ritorno alla vita sembra fulmineo, in confronto al calvario passato. Rimango ricoverato altri dieci giorni: dieci giorni di entusiasmo, di noia mortale, di impazienza, di ripresa. Dieci giorni da persona sana, insomma.

Sembro Elle Macpherson, non per niente detta "The body": ho perso 21 chili in quindici giorni, da 90 a 69. Le infezioni ci mettono un po' di tempo per sparire. Sono sfinito. L'unica cosa che mi riesce bene è parlare.

E parlo tantissimo, travolgo Alessia e il babbo con tutte le parole che non ho detto nei giorni precedenti. Voglio fondare un'associazione per sostenere le ricerche di Falini. Quest'uomo e la sua équipe mi hanno salvato: voglio aiutarli. Se potessi gli reggerei il microscopio, ma dubito che serva, quindi meglio buttarsi sulla raccolta di fondi. Passiamo ore e ore a ipotizzare nomi possibili, poi realizzo che voglio che abbia il mio, di nome: voglio metterci la faccia, voglio garantire in prima persona sulla destinazione delle donazioni.

«Poi tornerò a giocare, Ale. Se tornerò a giocare ti rendi

conto di quanta visibilità possiamo dare all'associazione? Voglio raccontare a tutti la mia esperienza, perché tutti sappiano che si può guarire: se sono guarito io...»

Alessia ci va con i piedi di piombo: «Sì amore, però adesso facciamo un passo per volta!».

«Ma perché non dovrebbero prendermi in una squadra? Una volta che mi sarò rimesso in forma, sarò anche più forte di prima... mica mi sono rotto un ginocchio, Alessia, mica mi hanno tolto qualche organo... devo soltanto aspettare che il mio corpo smaltisca la chemio, dopodiché devo ricostruire i muscoli, riprendere contatto con il campo, poi torno a giocare.»

Mi guarda perplessa. Teme che rischi una delusione.

Ho il ventre gonfio, non riesco a fare due passi di seguito senza tossire, mi fa male tutto, e voglio tornare a giocare. E poi le chemio possono compromettere degli organi vitali, come il cuore e i polmoni, oppure semplicemente causare formicolii a lungo termine.

Lo so, ma non me ne frega niente.

Sono vivo, se ho superato tutto questo tornare a giocare è il minimo che posso aspettarmi. O no?

10

Mi dimettono il 18 dicembre. Non ho ancora la forza di esultare, e comunque nessuno mi incoraggia. Falcinelli è schietto: «Giacomo, non è finita. Non considerarti dimesso: sei in convalescenza a casa, il che significa che non si esce, si sta a letto, visite ridotte al minimo e tanta attenzione. Due volte la settimana, esami del sangue. A ogni minimo sintomo mi devi avvisare. Se ti torna la febbre, ti ricoveriamo di nuovo».

Che giorno bellissimo! Ale mi aiuta a vestirmi, finalmente una delle mie tute. Ci casco dentro, ho le cosce e i polpacci sottili come gambi di sedano, forse di più. Si vedono le ossa, distintamente.

Da testone quale sono non voglio uscire in sedia a rotelle, ma non riesco a camminare. Per percorrere i pochi metri dall'ingresso alla macchina ci metto dieci-quindici minuti buoni. Mi sembrano brevissimi perché sono fuori, all'aria, al sole. Non sento più l'odore di disinfettante, l'odore delle lenzuola, l'odore del pigiama di cotone. L'orizzonte si è spalancato: cielo, tanto cielo, poi alberi, fruscii, rumori, clacson, voci. Ed è solo il parcheggio dell'ospedale!

Ale carica nel baule la sporta di farmaci che ci hanno consegnato – fattori di crescita, antibiotici, antivirali, antiemetici – e via. L'albero di Natale ci aspetta. Carolina ha riempito la casa di palloncini e mi ha fatto tantissimi disegni nuovi.

Sono completamente senza forze. Un fantoccio. Se mi posizionano sul divano, lì rimango. Per spostarmi impiego una quantità di tempo assurda: quaranta minuti per andare dal bagno al salotto, più pause varie per fermarmi a tossire, di più dal bagno alla camera da letto.

Ma non era finita? Non dovrebbe essere tutto in discesa, adesso? Sì, non ho più il vomito o la diarrea, ma riesco a mangiare solo omogeneizzati e muovermi è una battaglia quotidiana, come gestire gli sbalzi di temperatura. Non ho più grasso addosso, porto due o tre pile, uno sopra l'altro; per toglierne uno devo chiedere aiuto, per rimettermelo – mezz'ora dopo – anche. Avverto formicolio alle mani e ai piedi: dicono che è normale.

Sono spiazzato. Nelle foto di Natale sono bianco come un cencio, tutto pelato: un cerino che spunta da un rotolo di felpe e maglioni. Ho la faccia tirata, stupefatta e stanchissima di chi ancora non capisce cosa gli sta succedendo, eppure c'è in mezzo.

Alla cena della vigilia siamo una caterva: noi tre, il babbo, la mamma, i miei fratelli, Mattia e Tommaso, la fidanzata di Tommaso, i genitori di Alessia, sua nonna, suo fratello Luca con la fidanzata... è il primo Natale di Nando senza baffi dall'infanzia a questa parte.

Provo ad assaggiare un boccone di pesce ma lo stomaco non ne vuole sapere: mi fa subito male, sento tornare la nausea e smetto immediatamente.

Il 25, anche se non si può, Alessia mi copre bene – due pile, un giaccone, sciarpa, cappello, guanti – e, avvolto in una trapuntina leggera, mi trasporta a casa dei suoi. Babbo Natale è arrivato là. Apriamo i regali tutti insieme: Carolina salta come una matta, ha ricevuto una quantità incredibile di giochi e pacchetti.

Pregando che la malattia non si ripresenti, le abbiamo detto che sono guarito. Ha storto il naso, non è convinta, non vuole mai uscire di casa: ha paura che, al ritorno, non mi troverà più. D'altra parte, non sembro così guarito. Allora ci è venuto in mente di proporle una serie di tappe: il papà sarà più guarito quando potrai tornare all'asilo, sarà ancora più guarito quando andremo tutti e tre in vacanza a Eurodisney, sarà guaritissimo quando andremo al mare (che lei adora) e sarà super guarito quando tornerà a giocare.

Passo le vacanze a dormire. Di notte crollo, di pomeriggio anche. Mi addormento con Carolina, poi lei si sveglia e chiama la mamma mentre io continuo imperterrito a dormire profondamente, senza accorgermi di nulla. Sogno tantissimo. Non ricordo che cosa, a parte di fare un bagno in mare, con solo il costume addosso, e di deglutire un bicchiere d'acqua fresca tutto intero, invece di bere con il cucchiaino.

Alessia è un fenomeno: riesco a sopportare meglio i cibi salati, quindi mescola negli omogeneizzati quintali di parmigiano e di sale. Mi imboccano in tanti: lei, i miei genitori, ogni tanto Carolina.

Don Francesco propone di organizzare un incontro con tutti i ragazzi che, durante le settimane durissime del trapianto, hanno pregato per me. I medici ci vietano di farli entrare in casa: troppi batteri in uno spazio piccolo. Così ci vediamo in chiesa. Entro, tutto bardato, e mi trovo davanti una distesa di bimbi e ragazzi, saranno un centinaio, tutti con la mascherina!

Sono circondato da amore, ma è dura. Nessuno ti dice che Lazzaro per alzarsi e camminare ci ha messo settimane, se non mesi. Ero convinto di alzarmi dal letto dell'ospedale e di uscire, non dico correndo, ma almeno sulle mie gambe.

La parte più difficile è passare dall'immobilità al movimento. I piedi mi fanno male. Le prime volte ho tutta la pianta, le dita e i talloni indolenziti. Subito mi preoccupo, poi rifletto sul fatto che (finalmente!) ho dei dolori "normali", muscolari, che non segnalano niente se non un'ovvietà, e cioè che è tanto che non cammino.

Ci vogliono almeno altri quindici giorni perché tutte le mie normali funzioni si ripristinino, perché riesca a ritrovare un minimo di gusto nel mangiare e calino i formicolii. Il giorno del mio compleanno – 33, guarda un po' – il mio corpo mi fa un regalo: la barba. Non è uniforme, un po' sul labbro superiore, un po' sul mento, ma mi fa sentire meglio.

Alessia tutti i giorni è in internet a informarsi sulla "recidiva": sa tutto, le percentuali con le quali il cancro si ripresenta, entro quando, con quale grado di malignità.

Io non ne voglio sapere. Ho passato mesi e mesi a curarmi e a parlare quasi solo di tumori, medicine, effetti collaterali, trucchi per sconfiggere nausea e vomito, metodi e strategie per contenere il dolore: ora ho bisogno di buttarmi questa storia alle spalle, di chiuderla lì. La paura c'è, ma mi impegno al massimo per confinarla in un angolino della mente. Alessia non ci riesce. Fa fatica a controllarla. Mi arrabbio: voglio pensarmi guarito, e mia moglie mi vede come un malato. Per farla smettere dico una cosa che non penso: «Se mi torna, tanto non mi curo. Preferisco vivere un mese solo ma sereno, io la chemio non la farò mai più».

Con gli occhi larghi e increduli mi risponde che rispetta la mia scelta, ma è atterrita. L'ho spaventata, e mi sono spaventato anch'io. Un conto è pensarlo, altro conto è dirlo, ad alta voce. Non è per mollare che ho affrontato tutto questo. E le mie motivazioni per guarire sono ancora tutte lì, e le amo più di prima. È che davvero non so cosa mi fa più paura: la malattia o le cure, la morte o la sofferenza.

La PET del 1° febbraio è negativa. Non c'è ripresa né persistenza di malattia. Sono in remissione totale, alè.

Il giorno dopo siamo tutti ancora una volta nello studio di Falini: io, Alessia e il babbo – formazione vincente non si cambia.

Falini sorride talmente tanto che sembra lo Stregatto: «Va bene Giacomo. Interrompiamo le chemio».

«Non facciamo neanche un po' di radioterapia?» suggerisco.

«No, no, non facciamo più niente, non ce n'è bisogno. Sono molto ottimista, Giacomo. Adesso ti teniamo monitorato con i *follow-up* ogni tre mesi, poi rifacciamo il punto tra due anni. Che dici, Flavio» si rivolge a Falcinelli, «lo rimandiamo a giocare sto ragazzo? Adesso tocca a te: adesso devi ritornare a giocare.»

È incredibile: sono guarito. Abbraccio tutti, non so se ridere o piangere. Sono scioccato: non mi devo più curare? Niente più siringhe, prelievi, fattori di crescita... niente? Niente più esami? Neanche una TAC, una PET, un RX, una RM? Tutto il mio tempo, solo per me?

Alessia è, se possibile, più scioccata di me: ha rischiato di morire, adesso non lo curano più? Finisce così, all'improvviso un giorno va tutto bene?

Parecchio confusi ce ne torniamo a casa. Siamo sulla stessa macchina, ma imbocchiamo strade diverse.

Io reagisco subito. Voglio solo uscire da questa palude, lavarmi il fango di dosso e costruirmi una prospettiva. Ho pregato milioni di volte di poter guarire, e chi se ne frega della pallavolo – ma mi è mancata talmente tanto che, ora che finalmente ci sono, è da lì che voglio che la mia guarigione passi. Se Lazzaro deve metterci mesi per tornare a camminare, che almeno possa scegliere la direzione.

Per rimettere insieme i cocci, comincio a costruirmi mentalmente un piano di guerra: appena posso devo farmi rivedere in pubblico, poi devo rimettere la muscolatura, ricominciare ad allenarmi, prendere l'idoneità sportiva, poi chiedere a Luca Novi di cercarmi squadra. Lo devo fare subito, adesso: anzi, sono già in ritardo. Ho trentatré anni compiuti, sono fermo da un anno, ho avuto il cancro: nessuno crede che io possa ritornare. Se non lo faccio adesso, non lo faccio più.

Alessia ha il terrore che io sia deluso. L'idea che io possa soffrire ancora la sconcerta, soprattutto per questo motivo: dopo essere stato tanto male per guarire, ora che sono finalmente in remissione rischio di non riuscire a riprendermi la mia vita.

Io, però, non lo sopporto. Non sopporto che mi si mettano freni, non sopporto che mi si facciano notare delle banalità – come che ci metto vari minuti per alzarmi –, non sopporto il suo continuo tentativo di allungare i tempi. Sono un atleta, e questa è una salita che non mi fa paura.

Provo a dimostrarglielo a San Valentino: la invito fuori a cena. Sono ancora magro, faccio fatica, avanzo lentamente ma mi imbacucco il più carino che posso e la porto in centro, alla Taverna. È la nostra prima cena un po' romantica dopo mesi, non stiamo cinque minuti da soli dalle alte dosi, in settembre. Ci sediamo dentro, e lo posso fare!, senza mascherina. Mi guardo intorno: chissà se gli altri mi additeranno come al solito? Nessuno mi nota. Il cameriere si ferma a chiacchierare con noi: gentilissimo, ci consiglia i piatti del giorno. Come al solito, ordino con una fame da lupo, una forchettata e lascio tutto lì, un dispiacere! Però bevo: bevo grandi sorsate d'acqua, la sento scorrere fresca giù per la gola, senza ostacoli, senza bruciori, senza fastidi.

Sono fuori dall'ospedale da quasi due mesi, è stata dura ma ce l'ho fatta: la vita è ricominciata.

Un giorno, tutto a un tratto, mi sento un po' meglio e decido: «Oggi vado a fare due passi». Scendo in ascensore fino al piano terra, arrivo in fondo al piazzale – neanche sulla strada. Non ce la faccio più e torno indietro.

Il giorno dopo scendo, arrivo fino in fondo al piazzale, poi sulla strada, e torno indietro.

Il giorno dopo ancora scendo, piazzale, pezzettino di strada, fino al parco.

Il giorno dopo scendo con Carolina: piazzale, pezzettino di strada, giretto nel parco.

Ale è spaventata. Sono settimane che non mi fanno neanche un prelievo, e ha visto anche lei che, quando si esauriscono gli effetti tossici delle chemio, la ripresa c'è: ma non è detto che significhi che la malattia è scomparsa – o che non si può ripresentare. Nella mia testa il prossimo traguardo è il campo, il prima possibile; in quella di Alessia è la guarigione (ben diversa dalla remissione totale), fra due anni. Ogni giorno, prima che scenda, lei mi chiede: «Falini ha detto veramente che è ottimista? L'hai sentito anche tu, vero?».

Le rispondo distratto e infastidito che sì, è ottimista, tutti siamo ottimisti, solo lei non lo è. E scendo per farmi i miei quattro passi.

Ricomincio a guidare. Mi infagotto per bene e vado a vedere qualche allenamento di Perugia, qua vicino. Bellissimo. Mi innamoro come se fosse la prima volta che vedo una partita. Torno a casa e rincretinisco Alessia raccontandole chi ha fatto cosa, chi ha detto cosa, quali mani ho stretto, quali sorrisi ho ricevuto, tutto.

È il mio mondo, e voglio tornare a farne parte. Telefono a Luca Novi: a giugno ho detto che dovevo curarmi, a novembre che dovevo fare l'auto-trapianto, adesso è ora di farsi rivedere. Luca, molto attento a non illudermi che trovare squadra sarà un gioco da ragazzi, mi organizza una giornata in collaborazione con Bruno Da Re, il direttore generale del Modena. Il 26 andiamo a pranzo tutti insieme, ci sono anche i miei genitori, Ale e Caro. Dopo pranzo passo qualche ora con Gianluca Pasini, un giornalista della "Gazzetta dello Sport" che ha continuato a cercarmi durante tutti i mesi di malattia, per sapere come stavo. Da quando ne sono fuori insiste perché rilasci un'intervista per dire: «Eccomi, sono guarito, voglio tornare a giocare». Mi filma in casa di Luca: ho un'ombra di capelli e casco dentro un maglione blu col cappuccio, ma ho l'aspetto della persona sana. Ne approfitto per parlare dell'associazione che voglio fondare con Alessia e per dichiarare che sì, sarà difficile, ma voglio, fortissimamente voglio tornare a giocare.

Quando entriamo al palazzetto per assistere a Modena-Macerata lo speaker mi chiama in campo a sorpresa: quando metto i piedi sul taraflex, mi sembra di non averlo mai lasciato. Abbraccio chiunque mi passi vicino, giocatori, dirigenti, fisioterapisti, tifosi, tutti, e me ne esco con qualche peluche e un sorriso contento. Mi siedo di fianco alla mia Alessia in lacrime. La pallavolo mi è mancata tantissimo. È stato faticoso continuare a seguirla da lontano, ma ha pagato, perché oggi non sono un escluso, un signor nessuno che ha saltato un anno: sono lo stesso Jack di sempre, che torna da vincitore.

Mi invitano da Macerata, squadra con la quale avevo vinto lo Scudetto, ad assistere agli allenamenti. Mi telefona addirittura il CT della Nazionale, Mauro Berruto, per domandarmi se me la sento di prendere parte a un ritiro appena iniziato: non mi allenerò ma potrò respirare un po' l'ambiente. È un gesto di grande apertura, un regalo, come se Berruto, il presidente Magri e il loro staff volessero incitarmi a non perdermi d'animo. Quando ricevo la convocazione ufficiale mi commuovo un po': vivere in collegiale è una delle esperienze che mi sono mancate di più.

Il presidente Mosna mi invita a Trento. Si è fatto vivo durante tutto l'anno scorso insieme al general manager, Giuseppe Cormio. Se non con me con Alessia: le aveva detto di tenere duro e si era offerto di ospitarci qualche giorno quando fossi guarito. Un modo gentile per esserci e per darmi una mano nel reinserimento pallavolistico, no? Io e il presidente ci piacciamo dal 2010: alla fine della stagione il loro palleggiatore, Raphael de Oliveira, si è rotto un dito; il suo secondo, Lukasz Zygadlo, doveva giocare la Final Four di Champions League e le finali Scudetto. Morale: non avevano nessuno con cui allenarsi. Il preparatore atletico, Martin Poeder, aveva buttato lì il mio nome. Se ti chiama la squadra più forte del mondo per chiederti un piacere, anche se in cambio del solo vitto e alloggio, tu cosa fai? Vacanze o no, corri! Ero corso e avevo conosciuto tutti: l'allenatore, i compagni di squadra, i dirigenti.

A Trento rimaniamo cinque giorni: portiamo Carolina sulla neve, commento una partita di Champions, Trentino-Macerata, per "Sport Italia", e approfondisco la mia amicizia con Raphael, con il quale c'è sempre stato un buonissimo feeling. È un brasiliano atipico: molto solare e moltissimo sorridente (ha due stupendi denti davanti), però è anche molto metodico e deciso nel guidare la squadra. La cosa che però apprezzo di più in lui è la lealtà: Raphael è schietto, è sincero, nel bene e nel male.

Per questo quando mi spiffera che Zygadlo ha il contratto in scadenza e pare che vada a giocare altrove, e ipotizza: «Pensa che bello se tu recuperassi in tempo e venissi a giocare qua», gli credo.

Trento è il mio sogno da sempre, la migliore opportunità possibile: l'avrò ripetuto ad Alessia duemila volte negli ultimi anni. E ora Raphael mi dice così. «Magari!» gli rispondo, e corro da Alessia a raccontarglielo.

Lei è felice per me, ma c'è qualcosa che la blocca.

I controlli vanno bene, perciò Alessia riesce a tenere meglio sotto controllo la sua paura, ma sta spesso in silenzio, si commuove facilmente, è sempre malinconica, scura. Non parla più come prima. O meglio: non parla con me. Se usciamo con le sue amiche tiene banco per ore, se fa un viaggio in macchina con me si limita ad annuire. Glielo rinfaccio: «Vedi? Ti stai allontanando...». Se prende il computer e si chiude in camera da sola lasciandomi in salotto con Carolina, la inseguo per parlare. Non mi sembra positiva: non quanto me.

Io voglio uscirne. Voglio entusiasmo, voglio vita, voglio ordine e metodo e disciplina per riuscirci. Impazzisco anche con Carolina, la sgrido se lascia in disordine i giochi o se sparge oggetti per casa. Detesto la nostra casa, non la sopporto, voglio cambiarla perché mi ricorda troppo la malattia. Alessia non se la sente, non adesso, e io non lo tollero. Cerco la sua complicità come prima e non la trovo. Mi irrito, come se lei non volesse vedermi riuscire.

Ci disuniamo. È difficilissimo vederlo accadere: siamo entrambi nervosi, stanchi, spaventati. Ci sfoghiamo l'uno con l'altro in malo modo, ogni tanto alziamo la voce, non riusciamo a trovare un punto d'incontro. Io vado per la mia strada, lei per un'altra. Siamo sempre noi, ma il nostro rapporto è velato da un'insofferenza che infastidisce entrambi e che non sappiamo come far scomparire.

Ogni tanto Ale prova a spiegarmi cosa è successo a lei mentre stavo male, mi racconta la storia di una donna che improvvisamente diventa il capitano di una nave: se il capitano crolla e lascia spazio al dolore, la nave va alla deriva. Ma quella nave è preziosa: trasporta suo marito malato, la sua bambina di tre anni, il loro nido, i genitori di entrambi. E così la ragazza fa tutto quello che deve fare, e lo fa benissimo, con l'agenda sotto mano corre da una parte all'altra, assiste il marito perché lui non debba occuparsi d'altro che di guarire, organizza la giornata alla bambina, coordina gli aiuti dei nonni di Perugia, gli arrivi e le partenze dei nonni di Villanova. Lotta come un leone contro la malattia e contro la paura di perdere il marito. È una mamma e non può fare finta di niente. La verità è brutta ed è quella: potrebbe perderlo. Si prepara mentalmente all'idea di staccarsi da lui, è difficile ma non impossibile visto che la sua malattia lo rende ipersensibile e lei non lo può quasi più toccare, abbracciare, nemmeno fargli una carezza. Immagina il primo Natale da sola, il quarto compleanno della figlia da sola: vorrebbe rannicchiarsi in un angolo e piangere, sfogare il suo dolore, la sua paura. Ma non può: perché il capitano è lei e un buon capitano non lascia la sua nave andare alla deriva.

La ascolto controvoglia. Sono guarito: il problema non c'è più. Punto. Mi stupisco che lei continui a pensarci. Io vedo la questione come la vede il resto del mondo: tutta la compassione, la vicinanza, l'attenzione spasmodica a un certo punto scompaiono. Vengono sostituite da qualche aspettativa, dalla richiesta di un clima costruttivo: le mie stesse richieste.

È troppo presto, ma non lo capisco. Carolina disegna usando solo il nero, il marrone e il bordeaux, ma non ci faccio caso. Ho bisogno di un mondo a colori e mi concentro sulle gioie quotidiane che riesco a condividere: i piccoli progressi, le notizie belle, i programmi per il futuro.

Concentrato come sono su me stesso e le mie esigenze, è un miracolo che noti che ad Alessia cadono i capelli, a ciocche, per lo stress. Le propongo di cercare aiuto. Un neurologo amico del mio papà ci spiega che il cervello è un organo come gli altri e come degli altri bisogna prendersene cura: le consiglia di assumere dei farmaci, ma lei non ne vuole sapere. Dice che deve solo trovare il modo di lasciare spazio al suo dolore.

L'occasione è uno stage di tre settimane all'ONU: mentre io ero ricoverato per l'auto-trapianto, lei, lì di fianco, è riuscita a studiare per essere ammessa a un master e ce l'ha fatta. Frequenta il corso da gennaio, a Perugia. È dubbiosa, io invece insisto perché parta per New York. Ha sacrificato qualunque cosa negli ultimi mesi per me, è giusto e bello che riprenda contatto con il suo mondo mentre io mi sto impegnando per ritornare a far parte del mio.

11

In realtà ho cominciato con il calcio. Poi, nell'estate tra la terza media e la prima superiore sono cresciuto quasi venti centimetri: sbattevo dappertutto, sbagliavo le misure, ero scoordinato. Ho cominciato a giocare male, mi tenevano in panchina a stufarmi.

Era già successo a Tommaso, mio fratello, che era passato alla pallavolo e sarebbe successo anche a Mattia: dev'essere lo stampo Sintini. Una sera il babbo mi portò a vedere una partita di Tommaso, under 16. Mi innamorai di questo sport: cominciai a chiedere le regole, a informarmi sui giocatori. Scoprii che a Ravenna c'era una delle squadre più forti al mondo e che la nostra Nazionale, guidata da Velasco, vinceva tutte le competizioni possibili.

Il babbo, impressionato da tanto entusiasmo, comprò quattro biglietti e ci portò tutti e tre al palazzetto, a vedere Ravenna contro Spoleto.

Quella partita non me la sono più dimenticata. In campo c'erano dei mostri sacri: Fabio Vullo, che da quella sera diventò il mio idolo, Andrea Gardini, che da Bagnacavallo era arrivato in Nazionale, Karch Kiraly e Steve Timmons, campioni olimpici in carica, due superstar. Ravenna sembrava imbattibile, ma dall'altra parte del campo Ljubo Ganev, un gigante bulgaro, due metri e dieci di potenza, cominciò a sfidare Kiraly in una battaglia di nervi.

Ganev era uno dei primi a battere in salto, potentissimo. Kiraly in ricezione era un re ma il bulgaro lo stava mettendo in difficoltà. Ganev urlava all'allenatore di cambiarlo, ma lui niente, lo lasciò lì, e fece bene perché Kiraly segnò il punto vincente, murando un attacco di Ganev. Kiraly è 1.90, venti centimetri meno dell'altro: per rinfacciargli tutte le scaramucce della partita prese a mimargli uno scimmione davanti, come a dire che l'altezza non è tutto. Il palazzetto esplose.

E nella mia testa esplose il sogno: diventare uno di quegli uomini.

Il babbo e la mamma mi fecero terminare l'anno di calcio, poi mi buttai nella pallavolo. Allora c'era il cosiddetto "piano altezza": la Federazione italiana di pallavolo organizzava una domenica di partite e invitava a partecipare tutti i ragazzi delle scuole. Mi selezionarono perché ero alto e mi chiesero se volevo giocare nelle giovanili del Ravenna. Figuriamoci.

Giuseppe Brusi, che allora era vicepresidente, mi vide allenarmi e per primo disse, a me e ai miei allenatori: «Lui ha le mani buone per fare il palleggiatore. Ha il tocco morbido, queste cose non si insegnano». Poi si rivolse a me: «Tu sei nato per fare il palleggiatore. Se mi dai retta, e se ti applichi, diventerai bravo».

Non aspettavo altro che credergli. Mi sono messo a lavorare d'impegno e non ho più smesso. Estate e inverno, pensavo solo ad allenarmi: sono andato a letto presto la sera perché dovevo essere in palestra la mattina dopo, non sono rimasto nemmeno alzato a vedere la televisione, ho rinunciato agli inviti degli amici, non sono uscito con i miei fratelli. Gli allenatori dicevano al mio papà: «Guardi che può farcela». E lui pensava: "Ma come farà? Magro così in mezzo a quelle bestie?".

Dopo qualche anno invece mi convocò in Nazionale juniores Fausto Polidori. Gli altri palleggiatori – di Cuneo, di Roma, di Modena – mi sembravano molto più forti di me. Li ammiravo moltissimo, ero felice di essere lì ad allenarmi con loro perché potevo misurarmi al loro livello, ma sapevo di essere più scarso fisicamente. Credevo di rimanere una settimana e poi di venire rispedito a casa, invece Polidori sbaragliò la concorrenza che avevo e mi fece capitano, diceva che avevo delle doti da leader. Sarà. Fatto sta che la sua fiducia mi aiutò a credere in me: per ricambiare lavorai come non mai, migliorai tecnicamente alla velocità della luce.

Il carico da undici lo mise Kim Ho Chul, allenatore coreano che nel 1998 mi svelò i misteri del tocco precettandomi: «Tu devi stare sempre con la palla, devi averla sempre tra le mani. Ne prendi una e te la porti a tavola quando mangi, sul divano mentre guardi la televisione, in macchina mentre vai in vacanza. In più, se gli altri arrivano in palestra alle 5, tu ti presenti alle 4 e cominci a palleggiare contro il muro. Quando l'allenamento è finito, mentre gli altri fanno la doccia, tu ti fermi a palleggiare contro il muro. Tutti i giorni». Da fissato quale sono l'ho preso in parola e l'ho fatto: stavo sempre con il pallone in mano. Palleggiavo mentre guardavo la televisione, palleggiavo contro i muri di casa, prima di addormentarmi palleggiavo al buio. Ogni tanto prendevo uno spigolo, spaccavo un vaso, e ho cominciato a palleggiare anche con altre cose: un cuscino, una pallina da tennis. Avevo chiamato la mia palla Peter, come Peter Blangé, un altro dei miei idoli. Me la portavo persino a letto, finché Alessia ha detto: «O la palla o me», e ovviamente ho scelto Peter. Scherzo! Anche il fisioterapista di allora, Gino Bolognesi, aveva qualcosa da ridire: quando arrivava prima degli allenamenti per preparare lettini, borracce, fasciature e altre attrezzature, c'ero già io che palleggiavo contro il muro della sua infermeria, tutum-tutum-tutum, centinaia di volte.

Dunque, non è impossibile. Si tratta solo di ricominciare da capo.

Se voglio essere un atleta, devo ricominciare dalla base: gli allenamenti.

Sono troppo debole. La mia magrezza è quella di chi ha sofferto. Sono emaciato; più che secco, scavato. Ho le gambe diritte, due tubi: non c'è differenza tra coscia, ginocchio e polpaccio. Le curve dei muscoli sono sparite del tutto. I capelli hanno ricominciato a crescermi. Sono opachi, color cenere, inconsistenti come la peluria dei bambini.

Se di giorno posso fare finta di niente e comportarmi già come un giocatore professionista con idoneità e squadra che mi aspetta in autunno, di notte la paura che la malattia torni si affaccia, eccome.

Ho due possibilità: pagare un preparatore atletico di tasca mia o chiedere ospitalità a una squadra e appoggiarmi al loro staff. Non avendo guadagnato un euro per un anno (e chissà quando potrò ricominciare) escludo la prima e mi butto sulla seconda opzione.

Spostarsi non ha senso, però: Alessia ha i suoi corsi qui, Carolina ha ripreso ad andare all'asilo. Prendo appuntamento con Bino Rizzuto, il direttore sportivo del Perugia, un dirigente storico che conosco bene da anni e gli domando se posso allenarmi nella loro palestra e se il loro preparatore atletico, a tempo perso, può darmi un'occhiata.

Bino mi tratta veramente come un fratello e mi presenta tutti: il presidente, Gino Sirci, l'allenatore, Slobodan Kovac, e il preparatore atletico, Carlo Sati.

Carlo: robusto, forte, fisico scolpito, rasato a zero. Ci siamo incrociati a qualche partita lo scorso anno, ci salutiamo e gli sparo subito la domanda che mi preme: «Carlo, tu te la sentiresti di aiutarmi a tornare in forma, di allenarmi?».

«Non devi neanche chiederlo: certo.»

L'unica cosa che mi viene in mente è che devo aver seminato bene, perché questa squadra mi accoglie come se fossi uno dei giocatori, non mi chiede niente, mi mette a disposizione la palestra, lo spogliatoio, ma soprattutto il tempo di Carlo, un professionista meticoloso, metodico, preparato.

Combinazione, il primo giorno di allenamento è un 8 marzo. Promette bene. Sul pianerottolo Ale mi fa una foto da portare ai dottori. Me l'aveva chiesta Falcinelli: «Il primo giorno che esci con la borsa in spalla per andare in palestra, fatti una foto!».

Carlo studia una scheda atletica progressiva per rimettermi più o meno in forze. All'inizio si tratta solo di qualche addominale, ne faccio cinque e sono spompato. Passiamo all'allungamento, ho perso del tutto l'elasticità muscolare e dei tendini. Mi mette sul tapis roulant a velocità molto bassa, pian pianino aggiunge qualche esercizio più mirato per le spalle, i bicipiti, le gambe, i polpacci, i quadricipiti, la schiena.

Cominciamo con due sedute settimanali, il martedì e il giovedì, di un'oretta l'una. Appena me la sento, passiamo a tre, poi a quattro. Nei giorni liberi cammino: nel parco o in campagna, l'importante è ossigenarmi e rinforzare il fiato.

Mi esalto. Ho una routine tutta nuova che non è scandita dalle cure.

Al mattino mi metto la tuta, preparo la sacca con i pantaloncini, le magliette, i calzettoni, dispongo tutto nel mio solito ordine nella borsa, in uno scomparto a parte metto gli asciugamani, l'accappatoio, le ciabatte, poi il beauty case con tutto ciò che serve per la doccia. Ho un paio di scarpe nuove che mi hanno regalato i miei fratelli per il compleanno: sopra c'è il numero 33, «l'età in cui tornerai a giocare!».

Mi carico tutto in spalla, sopra il piumino verde che mi ha regalato Alessia, prendo la macchina e vado al palazzetto. Entro dall'ingresso atleti.

Ogni esercizio è uno strazio: anche sollevare un pesetto da mezzo chilo mi stanca. Ero abituato a fare lo squat, un piegamento sulle ginocchia, con un carico di 180-200 chili; adesso farne una decina a corpo libero mi sfinisce. Ma niente mi scoraggia: tre mesi fa ero bloccato in ospedale, ora tutto è un progresso.

I piedi continuano a darmi qualche problema: si sono riabituati a sorreggere il mio peso, ma avverto formicolii molto forti, ho poca sensibilità. Compressi nelle scarpe da ginnastica, si gonfiano. I medici mi fanno qualche test e deliberano in positivo: «Non c'è nessun deficit neurologico, recupererai».

Voglio pensare che ogni passo che faccio, anche se mi gonfia i piedi e mi costa fatica, mi allontana dalla chemioterapia. Però il formicolio mi dà fastidio, temo che possa interferire con il recupero, o che possa bloccarmi a un certo punto della ripresa. «E se non torno a saltare?» confesso ad Alessia una sera, sconfortato.

Lei ha una botta d'ottimismo: «Giacomo, da quando hai ricominciato gli allenamenti sei andato sempre avanti. Non hai mai avuto una battuta d'arresto: sempre avanti, sempre avanti. Vedrai che i formicolii passeranno».

Dopo tante iniezioni di medicinali, finalmente una di fiducia. E di motivazione.

Alessia tra poco partirà e voglio che, al mio ritorno, trovi un nuovo Giacomo ad aspettarla.

Mentre lei è via, faccio un test: provo a comportarmi come prima. Gli atleti hanno sempre una ragione per tutto: mi fa male il ginocchio? Sarà perché ho saltato, chi se ne frega, domani passerà. Ho qualche linea di febbre? Sarà perché sono un po' stanco, oggi ho lavorato tanto, chi se ne frega, domani passerà.

Non potrebbe essere altrimenti: irreggimentati dentro giornate di campionato, appuntamenti con competizioni internazionali, allenamenti, ritmi sostenuti... se ci fermassimo a ogni dolorino saremmo costretti a cambiare mestiere.

Carlo mi monitora con grande attenzione e miglioro velocemente: dopo qualche settimana ho messo su quattro chili di massa muscolare, e lo squat lo faccio con un carico da 10.

In palestra ci sono due tipi di sportivi: quelli che vanno spinti e quelli che vanno frenati. Io in generale faccio parte della seconda categoria. In questo momento proprio non mi tengo. Voglio aumentare subito i carichi. Carlo, che da professionista serio e competente qual è sa che i progressi devono avvenire in modo graduale, mi argina: «Aspetta! Se ti crei un problema muscolare per la fretta, poi ci tocca fermarci e ricominciare daccapo». Per carità. Mi convince al punto che, anche quando mi alleno da solo, non baro. Quando vado con Carolina qualche giorno dai miei e per allenarmi chiedo asilo a Ravenna, rimango in contatto con lui via mail o per telefono, riferendogli ogni minuzia.

Ci prendo gusto. Per di più, i medici mi hanno detto che è il momento di prendere peso. Per l'esattezza la frase è: «Mangia tutto quello di cui hai voglia». La fame è tornata, via!

Al mattino faccio colazione con i biscotti insieme a Carolina, poi passo dalla salumeria vicino a casa e mi faccio imbottire un panino di prosciutto crudo, da sgranocchiare sulla strada. In palestra mangio tanta frutta, a pranzo pasta, uova, a volte anche la pizza. La sera di solito mi griglio qualcosa sul terrazzo, tutto a parte il pollo, che in ospedale ho mangiato in quantità e non sopporto più. Faccio persino merenda con mia figlia, a metà pomeriggio, con qualche dolcetto.

A forza di mangiare e di muovermi, la forza ritorna. L'accordo con Luca era di rimettermi in forma e ottenere l'idoneità entro giugno, poi lui avrebbe sparso la voce che Jack può ricominciare a giocare. «Poi ci mettiamo alla finestra e aspettiamo che qualcuno si faccia vivo» mi aveva detto. Mi era sembrato un piano perfetto: il mercato si chiude verso la fine di luglio, c'è tempo per fare tutto con calma.

A metà aprile mi sento pronto. Lo chiamo: «Luca, guarda, i progressi sono incredibili. Per ottenere l'idoneità agonistica mi serve soltanto un po' di fiato e che il cuore funzioni. A gennaio neanche camminavo, però credo di poter passare la spirometria e l'elettrocardiogramma da sforzo».

Balbetta qualcosa, ma non lo ascolto. Più ne parlo, più mi carico: «Io lo faccio Luca. Programmiamo l'idoneità per maggio. Anticipiamo».

«Sei sicuro?»

«Sì, sono sicuro» gli rispondo, stufo che tutti si preoccupino per me.

Chiamo il Doc. «Finalmente, Jack, una buona notizia!» mi dice. In effetti, è da più di un anno che non posso coinvolgerlo in niente di bello. Gli chiedo una mano per organizzare la visita. Disponibilissimo come al solito, si offre di pensarci lui: «Conosco un ottimo centro, a Foligno, dove lavorano i medici della Ternana». Nel giro di un paio di giorni ho una data: 8 maggio.

E un obiettivo: idoneità sportiva. Comincio a prepararmi per tagliare questo traguardo. La parola d'ordine diventa "cyclette". Il ragionamento mio e di Carlo è: non so ancora saltare né correre, ma non importa, perché non dovrò fare né l'una né l'altra cosa. In compenso il cuore deve essere potente e devo avere fiato.

Nel frattempo, comincio ad assemblare il faldone di documenti che servirà ai medici di Foligno per valutare la mia storia clinica. Il primo esame che inserisco è l'ecocardiografia di controllo, che attesta che il mio cuore non è stato danneggiato dagli effetti tossici delle chemio. E i medici dell'Ematologia mi rilasciano un certificato nel quale scrivono che, per loro, non esistono controindicazioni alla pratica sportiva. Il mio midollo ha reagito benissimo: una volta partito, non si è più fermato. Ho dovuto fare un paio di fattori di crescita perché i globuli bianchi hanno lievemente oscillato, ma i miei valori sono tornati in regola a tempo di record.

Il 24 aprile Carolina mi regala un disegno: io e lei che giochiamo a pallavolo, una margherita come rete. Nel cielo splende il sole e piove, al contempo, ma la pioggia non ci tocca. La abbraccio e le giuro che ce la farò, che prenderò l'idoneità e tornerò a giocare.

Mi ha visto in campo, al Bovo day. Vigor se ne è andato il mese scorso, lasciando da subito un grande vuoto. Gli volevamo bene tutti, anzi, per essere precisi gliene *vogliamo* ancora, al presente: era una presenza talmente potente, appassionata, ridanciana, che è impossibile credere che non ci sia più. Per questo insieme a sua moglie Federica e ai loro bambini abbiamo deciso di organizzare il Bovo day, una giornata in suo ricordo, un saluto che però gli assomigli davvero. E Bovo era simpatico, sincero, leale fino allo sfinimento e a costo di litigare. Sapeva essere serio quando capiva che di serietà avevi bisogno, ma riusciva anche a sdrammatizzare con la leggerezza e l'affetto degli amici veri.

Ne esce una giornata piena di gioia, come lui, che si apre con un lungo applauso e un fiume di lacrime e si chiude con noi amici che lo prendiamo in giro per il disordine come se fosse seduto lì con noi, e perché da ragazzo era lungo e scoordinato, se possibile peggio di me.

Alessia torna rigenerata. Ci siamo sentiti tutti i giorni via Skype e mi è parsa serena. Sapeva che Carolina e io eravamo al sicuro e che poteva partire tranquilla. Si è presa uno spazio solo suo, e ho cominciato a capire in queste settimane quanto ne abbia avuto bisogno: per mesi si è occupata solo di due persone bisognose e dipendenti da lei, anche se in modi diversi. Sono felice che sia partita. Ha condiviso la camera e lo stage con altre ragazze, sono diventate amiche. Si è goduta New York, dove siamo stati in viaggio di nozze: ha fatto colazione tutte le mattine nella stessa caffetteria dove andavamo insieme, frittelle e sciroppo d'acero.

Le racconto i miei progressi: un mese e mezzo fa mi allenavo mezz'ora, alla panca sollevavo due chili per cinque ripetizioni ed ero sfinito; adesso ogni seduta dura un'ora e quarantacinque minuti, sollevo 37 chili per tre serie da quindici.

Il 7 maggio, in un impeto di ottimismo, telefono ad alcuni amici giornalisti, Leandro De Sanctis e Adelio Pistelli del "Corriere dello Sport", Gianluca Pasini e Mario Salvini della "Gazzetta", Luca Muzzioli di Volleyball.it, Fabrizio Rossini di "Lega Volley", Lorenzo Dallari di Sky Sport e Carlo Lisi, l'ufficio stampa della Federazione, e li preavviso: «Ragazzi, domani tento l'idoneità sportiva. Se va tutto come deve andare mi aiutate a diffondere la cosa?».

«Certo!» è la risposta unanime: sono tutti contenti per me, mi fanno i loro in bocca al lupo.

O la va, o la spacca.

Il giorno dopo siamo tesi come corde: Alessia più di tutti. Come a un controllo, verrebbe da dire. Sono abbastanza convinto di farcela, ma non si sa mai. Cuore, polmoni, tutto deve essere perfetto.

Affronto la visita con gli unici strumenti che conosco, che mi vengono dallo sport e dalla fede – la disciplina, la determinazione, la fiducia – e mi preparo come se dovessi giocare una partita chiave per la mia carriera, e in effetti un po' è così. Questo non è solo il punto di arrivo di tutta la fatica degli ultimi due mesi, è la chance per tornare a giocare, per dimostrare a tutto il mondo e a me che è finita. Se mi dicessero di no sarei fortunato lo stesso: sono vivo. La mia, la nostra vita andrà avanti in modo diverso da come avevamo immaginato, pazienza. Ma la speranza di tornare a giocare mi ha tenuto in vita durante tutti questi mesi: gli allenamenti vanno bene, i progressi ci sono. Su questo ha ragione Ale: sarebbe una delusione, un'immensa delusione.

Preparo la borsa. Mai fatto: di solito si arriva in tuta, ci si toglie la maglietta e si comincia a pedalare. Questa volta voglio dare importanza a ogni dettaglio: arrivati a Foligno mi cambio, mi metto in pantaloncini e maglietta, infilo le scarpe giuste e busso allo studio dei medici.

Ho deciso di giocare a carte scoperte: stringo la mano dei dottori e gli porgo la mia spessa cartellina verde, che contiene tutta la mia storia clinica, i referti dell'ultima PET, negativa, tutti gli ultimi esami e, in cima a tutto, splendido splendente, il certificato degli ematologi.

Alessia è accanto a me, suda freddo mentre riepilogo rapidamente cosa mi è successo e quando. Checcarelli, il Doc, ci ha accompagnato e studia le loro minime espressioni.

Guardano la cartella come se scottasse. Magari non scotta, ma quanto meno brucicchia: dirmi di sì significa prendersi la responsabilità di attestare che un trapiantato di midollo può svolgere attività sportiva a livello agonistico.

«Ok, cominciamo con l'eco-cardio.»

«Benissimo.»

Mi fanno sdraiare su un lettino, e fin qua non è difficile. Rimango zitto per tutta la durata dell'esame. Loro, muti.

Dopo un po' il tecnico si alza, accende la luce e decreta: «Va bene, qua è tutto a posto».

Lo sapevamo, ho fatto lo stesso identico esame poche settimane prima, però detto da lui ha tutto un altro sapore.

Altra stanza, altro tecnico. Questa volta mi passano il tubicino dello spirometro e mi chiedono di soffiare. L'ho fatto decine di volte: inspiro il più possibile poi butto fuori tutto e a lungo. «Ok al primo colpo, perfetto! Hai i parametri giusti.»

E anche questa è fatta.

Andiamo avanti con l'elettrocardiogramma da riposo, tutto a posto.

È il turno dell'elettrocardiogramma da sforzo. Se fossi in un videogioco, dovrei uccidere il mostro dell'ultimo livello. Salgo sulla cyclette, mi attaccano gli elettrodi al petto e comincio a pedalare. Alessia mi guarda, più stressata di me.

Durante gli allenamenti ho sempre tenuto un cardiofrequenzimetro: Carlo ha voluto monitorare i battiti del mio cuore per non commettere errori, era una prima volta anche per lui. Abbiamo preso nota di ogni dettaglio su un'apposita agendina, ma conoscere come funziona il mio cuore sotto sforzo è diverso.

Pedalo determinatissimo. A un certo punto il dottore aumenta il livello di difficoltà, sono in salita, i pedali sono più duri e spingo, spingo, spingo come un dannato, voglio mangiarmi questa salita, la sfido perché non sarà lei a fermarmi. Mi fanno male le gambe ma il dottore alza ancora il livello e io continuo a pedalare, imperterrito: a costo di crollare su questa cyclette, finché mi dirà di pedalare io pedalerò. Mi manca il fiato e capisco: mi vuole affaticare. Ho fatto decine di visite come questa, nessuno mi ha mai fatto sfacchinare così. Giustamente, vuole essere sicuro prima di darmi il foglio di via. Ci metto ancora più rabbia, ancora più grinta: quando sono madido di sudore, con i muscoli sul punto di cedere, «Tutto a posto».

Guardo Alessia: mi viene da piangere.

«Ma quindi mi date l'idoneità?» è talmente bello che quasi non ci credo.

«Certo che te la diamo. Non c'è nessuna controindicazione, anzi. Ti dirò di più: inizialmente, quando ho visto la tua cartella clinica, ero propenso a darti al massimo un'idoneità rivedibile fra sei mesi, ma non ce n'è bisogno. Tu sei veramente a posto, non ho il minimo dubbio, quindi te la do per dodici mesi.»

Scendo dalla bici e abbraccio Alessia, abbraccio anche il dottore, abbraccio Checcarelli.

Chiedo se possiamo farci una foto tutti insieme, per favore, «perché domani uscirà un comunicato stampa e vorrei allegare una fotografia di questo momento».

Esco dallo studio felice come un bambino. Telefono immediatamente a mia madre, poi a mio padre, perché vuole sentirlo direttamente da me; poi ai miei fratelli, ai suoceri, al fratello di Alessia. Chiamo il mio procuratore: «Luca, è andata». È felicissimo anche lui, e si attiva subito per preparare un comunicato stampa da mandare ai giornalisti che avevo preavvertito.

Ci consultiamo tutti quanti e ce lo spediamo avanti e indietro dieci volte. Scriverlo non è facile: non lo vogliamo troppo melodrammatico, mi sono già fatto intervistare in febbraio e ho già mostrato le mie emozioni. Vogliamo che sia un comunicato di servizio, pratico, concreto. Vogliamo dire: "Care società di tutta Italia, cari allenatori di tutta Italia, sono tornato un atleta. I medici sostengono che sono pronto, ecco qua il certificato, siete interessati? Il primo che chiama vince un palleggiatore pieno d'esperienza, forse ancora un po' giù fisicamente, ma dalla grande forza d'animo. Simpatia in omaggio".

La versione finale è più formale, ma il succo è quello:

> Nella giornata di ieri, 8 maggio 2012, presso l'ambulatorio medico Area Salute Flex Village di Foligno (PG), l'atleta Giacomo Sintini ha sostenuto e superato la visita di idoneità agonistica alla pratica sportiva.

Sono contentissimo. La passione per la pallavolo mi ha aiutato a lottare in questi 11 mesi e ora posso di nuovo mettere a disposizione del mio mondo il meglio di me come atleta. Sono veramente felice di poter giocare e di potermi allenare di nuovo al cento per cento delle mie capacità. Ringrazio tutti voi che mi avete sostenuto sempre, in particolare i miei familiari, i medici e gli infermieri dell'ospedale di Perugia. A presto e, questa volta, in campo.

Jack Sintini

12

Si scatena un putiferio. Ricevo centinaia di chiamate e messaggi, come quando sono stato costretto allo stop e ho dovuto fare un pubblico annuncio. Questa volta, però, nessuno dice "Jack, mi dispiace": sono tutti complimenti, felicitazioni, incoraggiamenti. Compagni di squadra, allenatori, dirigenti mi sommergono letteralmente, ma nessuno mi dice chiaro e tondo: "Vieni qua a giocare".

Ringrazio tutti per l'interessamento e do la mia disponibilità a fare provini e visite mediche. Con grande sincerità spiego che dal punto di vista atletico sono un po' indietro, ma ho tutta l'estate per tornare in riga.

Ci vuole qualche giorno, ma arrivano dialoghi più seri. Mi cercano due o tre squadre di A2, mi contatta Piacenza: si complimentano e chiedono informazioni, con grande gentilezza. Magari vorrebbero intavolare una trattativa, ma hanno bisogno di tempo, forse al momento non se la sentono...

«In un mondo perfetto il giorno dopo mi avrebbe chiamato Trento» dico ad Alessia un po' desolato. So che tutto questo interesse è già moltissimo, che di più davvero non potevo sperare, però mi sento come uno studente fresco di laurea che manda curriculum a destra e a manca e riceve in cambio solo dei "le faremo sapere".

Scoraggiarmi, comunque, è fuori discussione. Anche perché nella vita, come ho imparato fin troppo bene, ci sono ben altre cose.

Nei giorni successivi corro come un matto per concretizzare la fondazione dell'associazione. L'idea è nata dal desiderio di raccogliere fondi per la ricerca e di dare assistenza – o solo conforto – ai pazienti oncoematologici, portando loro la testimonianza del mio ritorno alla vita. So benissimo che, in quei mesi di incertezza, quando si è pieni di dubbi e di domande che magari ci si vergogna di porre ai medici, si ha bisogno che qualcuno ci dica: "Guardami, ci sono passato ma sono vivo, è stata dura ma è andato tutto bene". Tanta gente non ne vuole parlare – per riservatezza, per paura, perché teme di non essere compresa – io invece me la sento: perché non farlo?

Man mano che mi confronto con avvocati, commercialisti e notai, però, mi rendo conto di quanto questa associazione, soprattutto la raccolta fondi che vorrei avviare, sia strettamente legata al mio obiettivo professionale: se non tornassi a giocare come farei a darle visibilità? Non sono famoso: come farei ad attirare l'attenzione sulla mia causa se non dal campo?

Continuo a darci dentro in palestra, con questa motivazione in più. Aumento con costanza carichi, frequenza e durata delle sedute.

Il 14 maggio è un altro giorno stupendo.

Ho chiesto da un po' ai dottori di togliermi il port: se cominciassi a lavorare con la palla rischierei di farmi male. Me lo espianta lo stesso professore che me l'ha messo: stavolta niente panico, sono felicissimo di sdraiarmi sul suo lettino e di farmi tagliuzzare da lui. Il port significa chemioterapia, sfilarlo è una liberazione. Mi mettono qualche punto e volo a casa, da Carolina. Finalmente me la posso spupazzare come voglio, finalmente non si rischia più che ci facciamo male a vicenda, con questo tubicino così delicato. Ci rotoliamo sul tappeto, vago a quattro zampe per la stanza con lei in groppa finché non si stanca, me la abbraccio, le faccio il sollecito, giochiamo.

Per lei è un passo avanti enorme: ben più di essere tornata all'asilo. Adesso sì che sono tornato papà.

Un papà che, però, si stanca ancora facilmente. Una sera, stravolto dopo essermi allenato, essere rimbalzato da un ufficio all'altro per definire struttura e costi dell'associazione, aver fissato l'appuntamento con il notaio per fondarla, torno a casa e trovo Carolina che gioca e Alessia che prepara la cena. Le lascio il telefono, silenzioso, e le dico: «Ale, vado a fare la doccia. Non rispondo a nessuno. Se chiamano non rispondere neanche tu».

E lei, ridendo: «Rispondiamo solo se è Trento».

Mi infilo nella doccia, e appena metto la testa sotto l'acqua Alessia irrompe nel bagno con gli occhi sbarrati e il telefono in mano: «Giacomo, Giacomo: è Michieletto».

Il direttore sportivo di Trento. Questa è la classica burla di Alessia: abbiamo appena detto che rispondiamo solo se è Trento, ha aspettato che aprissi l'acqua per rompermi le scatole... «Lascia perdere scema, ti ho beccato» e torno con la testa sotto il getto.

«No, no, è Michieletto veramente!» Apre il box della doccia e mi caccia dentro il telefono, a un centimetro dall'acqua. Guardo: «Michieletto Trento». Oddio!

Chiudo l'acqua e rispondo, agitatissimo. La situazione non è ideale: sono nudo, nella doccia, e mi produco in un «Sì, pronto?» da gentleman inglese, mettendoci anche un certo distacco.

Riccardo Michieletto è una persona molto diretta e mi semplifica molto le cose sparando dopo i convenevoli di rito: «Jack, ascoltami, dopodomani il presidente Mosna è a Firenze, vorrebbe incontrarti a pranzo, hai modo di raggiungerlo?».

Perbacco se ho modo! Il presidente chiama e io che faccio, non rispondo? Ovviamente va benissimo, accetto, mi accordo su luogo e ora e attacco.

Alessia mi fissa come dire: "Allora?".

«Eh, il presidente Mosna mi vuole vedere a pranzo.»

Cominciamo a formulare ipotesi su ipotesi: la più assurda è che mi voglia proporre un contratto, la più realistica che mi voglia offrire un paracadute, un lavoro in Lega. Per me sarebbe già un traguardo se mi permettesse di allenarmi con la squadra.

Chiamo i miei genitori, Alessia chiama i suoi, e questa cosa si allarga a dismisura. Organizziamo un piccolo comitato per stemperare l'eccitazione con un minimo di concretezza: io, Alessia, suo padre, il mio. Tutti collegati con telefoni e Skype. Sogniamo parecchio, poi concretamente ci chiediamo come dovrei reagire se, per esempio, mi proponesse di allenarmi a Trento. Io vorrei andare anche in cambio di vitto e alloggio: sarebbe comunque una possibilità per riprendere contatto con il campo e il gioco, e che gioco, e di farmi vedere, per poi sperare nel mercato di riparazione, a novembre.

Ormai sono proprio convinto che tornerò a essere un giocatore, ma è doveroso chiedermi: come reagirà il mio fisico agli stress di quel livello? La squadra si allena intensamente due volte al giorno, poi ci sono le partite, le trasferte, l'adrenalina. Magari sarò un giocatore, ma di A2. Chi lo sa. Non ho esempi ai quali appigliarmi: che io sappia, nessuno è tornato a essere un atleta professionista dopo un trapianto di midollo. Si potrà? Non si potrà? A che livello si potrà? Le incognite sono tantissime.

Mi memorizzo qualche risposta strategica per prendere tempo qualora avessi bisogno di consultarmi con i miei sodali prima di prendere una decisione e sono più o meno pronto.

La mattina del giorno X, pochissimo riposato, mi faccio la barba, mi infilo la giacca e vado. Da solo. Lascio Alessia a casa in fibrillazione.

Quando arrivo nelle vicinanze di Firenze, telefono per avere qualche indicazione più precisa, e il presidente mi guida per le campagne attorno alla città fino a un cancello che, quando si apre, rivela una tenuta delle fiabe, con tanto di viale alberato che percorro a 10 all'ora per avere il tempo di chiamare Ale: «Amore, vive in un castello...». In realtà è una casa colonica, ma in quel momento probabilmente ho una percezione distorta di tutto quello che riguarda Mosna.

Mi aspetta sotto il portico, dove ha apparecchiato per due. Ci stringiamo la mano e mi invita a seguirlo in cucina: «Seguimi, Giacomo, sto finendo di cucinare». Mi ha fatto il polpettone, la sua specialità; per contorno i piselli dell'orto. Facciamo due chiacchiere: mi chiede come sto, io gli faccio i complimenti per la casa, lui mi anticipa qualche decisione per la prossima stagione.

Mentre affetta il polpettone mi indica un foglio su uno dei ripiani. Lo riconosco subito: è un contratto. È già compilato. Guardo il contratto, guardo Mosna. Sta succedendo veramente? Ho il cuore a mille, mi rendo conto che lo sto fissando senza dire nulla quindi mi produco in un «Mi dica presidente», che dovrebbe conferirmi un certo tono.

Lui è un signore: «Giacomo, noi ti vorremmo come secondo palleggiatore di Raphael. Se vai a pagina 3 vedrai il compenso che ho ipotizzato io. È un contratto biennale, la cifra mi sembra onesta in relazione alla tua esperienza e al tuo ruolo, però devi dirmi cosa ne pensi. Dopo di che» prosegue, «ci mettiamo d'accordo anche sui benefit.»

Sfoglio il contratto fino a pagina 3 e la cifra è ottima per un giocatore non titolare, quello che sarei stato.

Sono talmente scioccato che, invece di abbracciare Mosna e accettare al volo, per la prima volta in carriera non faccio il mio interesse e gli chiedo: «Presidente, ma è sicuro?».

«Certo che sono sicuro.» È molto serio.

«Volete farmi prima qualche visita, che mi sottoponga a qualche esame?»

«No, no, sono sicuro. Ti dirò di più: se i medici hanno detto che stai bene e puoi tornare a giocare a me basta, e sono convinto che tu diventerai un giocatore anche più forte di prima.»

Quanto sarà passato? Un quarto d'ora? Accetto. Ci stringiamo di nuovo la mano. Non ce ne sarebbe bisogno ma Mosna vuole specificarlo: «La mia stretta di mano vale come una firma. Per quello che mi riguarda, l'accordo che abbiamo trovato adesso è definitivo».

Mi affretto a ricambiare: «Ovviamente anche da parte mia».

«Benissimo, allora ci vedremo tra qualche giorno per formalizzare. E adesso godiamoci il pranzo.»

«Presidente, scusi, posso telefonare prima a mia moglie?»

Esco nel portico e digito il numero di Ale. Provo a sussurrare per non farmi sentire da Mosna ma la voce mi sale da sola, senza che me ne accorga. Le chiedo di avvertire tutti, io sto già facendo freddare il polpettone. Lei scoppia a piangere: Trento è oltre ogni aspettativa. È una di quelle storie belle che si sentono solo raccontare o si vedono nei film ma non capitano mai, quanto meno non a te. Invece è successo, è vero: dopo sedici mesi di inattività agonistica, sette cicli di chemioterapia e l'auto-trapianto di midollo osseo, riparte la mia carriera in serie A1, con il club più forte del mondo.

La mia gratitudine nei confronti del presidente è e sarà sempre immensa. Deve aver intravisto in me la volontà di tornare il giocatore che ero e si sarà detto: "Se non ce la fa perdo questa scommessa, ma se vinco guadagno un giocatore che non verrà mai meno al suo impegno". Senza dubbio si sarà consultato con l'allenatore, Radostin Stoytchev, con lo staff medico, ed è probabile che Raphael ci abbia messo una buona parola, però è un imprenditore, di lavoro non fa beneficenza, deve saper calcolare i rischi. Io sono un rischio grosso. E lui si è fidato: del suo intuito, delle mie possibilità.

Il babbo mi fa notare che sono i grandi i primi ad allungarti la mano quando sei a terra.

Ora sta a me dimostrargli che ha avuto ragione e fargli vincere la scommessa.

Non aspetto altro.

13

La mia carriera nella pallavolo ricomincia dal numero 2, quello della mia maglia. E da un nuovo soprannome.

Fino a quattordici anni sono stato semplicemente Giacomo, Giacomin per mio padre e mia madre, Jacky o Sinto per gli amici. Jack è nato in una vecchia palestra di un istituto tecnico di Ravenna, dove ci allenavamo: i compagni che erano lì da più tempo di me decisero che «Giacomo» era troppo lungo in campo. «Come ti chiamiamo?»

E qualcuno disse: «Jack».

Il 25 maggio 2012 divento "Jack 2.0". Mi ero dimenticato quanto il mio mondo andasse veloce: in meno di una settimana accordo trovato, contratto firmato, presentazione ufficiale. Mauro Berruto, il CT della Nazionale, mi manda un SMS da ridere: "Il nuovo Jack 2.0 inizia senza pressione...".

È una sfida. Sto decisamente meglio, ma sono ancora magro, con i capelli corti corti, molto più indietro degli altri dal punto di vista fisico. I giornalisti presenti alla conferenza mi guardano scettici e mi chiedono: «Pensi di farcela?».

Rispondo che darò il meglio di me, che voglio ripagare la fiducia che la squadra mi ha accordato e ringrazio tutti. Quello che non dico – e che penso con una certa convinzione – è che la malattia mi ha insegnato che la determinazione ha un limite: me stesso. Se è solo per me che lotto, so di poter arrivare fino a un certo punto; se invece lo faccio per la mia famiglia, per la mia squadra, allora non c'è nessuno che possa fermarmi.

Il giorno stesso parlo con Martin Poeder, il preparatore atletico di Trento: gli spiego la situazione e lo metto in contatto con Carlo Sati, il quale si dimostra ancora una volta un uomo generoso. Mi ha assistito nelle settimane più critiche senza chiedere nulla in cambio, e ora che devo passare nelle mani di altri esperti si dice felice di avermi potuto accompagnare fino lì.

Poeder è molto chiaro: «Jack, è fine maggio. Devi venire qua subito per allenarti. La preparazione con la squadra inizia il 12 agosto, e tu il 12 devi essere ai blocchi di partenza con gli altri, il più vicino possibile alla loro condizione».

«Naturalmente.»

Naturalmente me la faccio sotto. Le chemio hanno spazzato via il lavoro di anni: quel corpo che mi ero costruito con abnegazione quasi maniacale per recuperare i miei limiti strutturali non c'è più. Dal punto di vista tecnico e tattico sono sempre lo stesso, ma dal punto di vista fisico devo ricominciare quasi dall'inizio.

Passo il weekend a Perugia a fare i bagagli. La domenica sera prendo possesso di un appartamentino a cinque minuti da Trento, con una cameretta tutta per Carolina e un fazzoletto di giardino per Valentino, il nostro cane.

Lunedì, martedì, mercoledì, giovedì, venerdì mattina palestra, di pomeriggio affianco le giovanili negli allenamenti. In palestra me la cavo, anche se i carichi aumentano costantemente e gli esercizi si fanno via via più impegnativi. Il vero problema è la palla.

Il primo contatto è traumatico: il palleggio mi viene subito e facilmente, il tocco è sempre quello, mi sgorga dalle mani. Le traiettorie che non richiedono un tocco morbido, ma forza – come quelle lunghe o ad alta velocità, o i cambi di traiettoria – no. La sera ho le dita indolenzite, gli avambracci pieni di lividi. Il callo che si forma per l'abitudine di ricevere i bagher è scomparso, e in più lì ho la pelle assottigliata per le terapie e la magrezza, rovinata dai tanti buchi. Ma ci vuol altro per avvilirmi: un male bestiale ma, insomma, che bel male!

La sera chiamo Ale contentissimo per raccontarle di palleggi, palla alta, canestri, corsa, pesi, andature, appoggi, controllo dei piedi, corda e, finalmente, salti!

Se Carlo giustamente aveva impostato il nostro lavoro dando priorità alla ricostruzione di una muscolatura inesistente, Poeder comincia a farmi saltare. Non vedevo l'ora. Al mattino mi fa esercitare su dei plinti di legno, in modo da limitare il trauma della caduta. Ricomincio a lavorare sulla forza e sullo stacco e mi accorgo di avere i tendini legati per la disabitudine all'allungamento. Ci lavoro con sedute di stretching e pian piano riesco a scioglierli, quelli di Achille e quelli rotulei, e a migliorare la situazione.

In campo l'allenatore non mi mette in prima linea, per evitarmi troppi salti. I ragazzi delle giovanili mi lanciano palle comode, che alzo a ritmo blando, per reinserirmi gradualmente. Mi hanno accolto come un fratello grande: mi incoraggiano, si complimentano a ogni palla un po' bella. È tutto un: «Mamma mia, che alzata! Che palleggio, bellissimo!». La sera corriamo al ristorante appena finito l'allenamento, il rischio in Trentino è di trovarsi le porte sbarrate alle 7. E io ho bisogno di tempo: sono all'ingrasso e per mangiare due pizze un minimo mi ci vuole...

Nel frattempo, succedono un po' di cose belle.

Il 3 giugno presentiamo ufficialmente l'Associazione Giacomo Sintini: è una sorta di festa con i medici, il presidente della Federazione italiana volley Magri, giunto a Perugia per l'occasione, e una folla di amici e parenti. Alessia è in prima fila, con Carolina in braccio, e un rossetto arancione che ha già il sapore dell'estate. Tra noi c'è ancora tensione, ma sento il suo sostegno mentre lavoro per raggiungere traguardi importanti, e oggi ne è la dimostrazione. Essere riusciti a costruire l'Associazione insieme ci riempie d'orgoglio e cementa la nostra unione. Per un po' di relax c'è Parigi: dopo sei mesi, si avvera il sogno di Carolina di andare alla "casa di Topolino", come chiama Eurodisney. È quello che le abbiamo posto come step 2 della mia guarigione definitiva. Diluvia: ancora meglio, così possiamo salire su tutte le giostre senza fare code.

Lo step 3 segue a ruota. A fine luglio, dopo un altro mese di allenamenti deliziosamente massacranti, Poeder molla la presa: «Jack, hai raggiunto un livello atletico buono, quindi vai in vacanza, rilassati e ci vediamo qua all'inizio della preparazione». Perché non perda le buone abitudini, mi rifila una scheda da fare mentre sarò via, nuoto, un po' di corsa, addominali, piegamenti e così via.

Finalmente, mare. La pelle mi dà qualche problema, mi pizzica dappertutto a causa del caldo. Chiedo ai medici: è un postumo del trapianto, dovrebbe scomparire nel giro di poco. Se non scompare comunque diminuisce e riesco a fare spazio per la mentalità del "passerà, chi se ne frega". Alessia fa più fatica. Siamo piuttosto nervosi: lei sta ancora smaltendo lo stress, io non me ne do il tempo. Sono concentrato in modo maniacale sui miei obiettivi, travolgo ogni minima interferenza, da lei a Carolina.

L'armonia totale, o almeno la nostra, è un'altra cosa, però ricominciamo a goderci un po' la vita. Questa vacanza è tutta una successione di piccoli piaceri – quelli che di solito si danno per scontati e che noi, invece, vediamo con grande nitore. I tuffi: mi perdo nell'acqua, con addosso solo il costume, e tutto intorno è fresco, pulito, è libertà. La colazione: al mattino presto, in terrazza, con il succo di frutta. Il pranzo in spiaggia con i panini. Comprare il pesce al mercato e grigliarlo la sera. Il gelato dopo cena con la luna lì vicino.

Il giorno prima del raduno con la squadra maggiore non dormo.

Siamo tutti e tre a Trento. Carolina adora il giardinetto e la sua stanza, le abbiamo appeso sopra il letto una mappa gigantesca del mondo, tutta colorata. Abbiamo portato un po' di oggetti da casa – coperte, cuscini, DVD, la Xbox, i libri – e Alessia personalizza questi spazi un po' anonimi, tutti bianchi, spostando il divano e riempiendo gli stipetti della cucina.

Il giorno-zero arrivo in sede e mi consegnano il borsone. Torno a casa e spargiamo tutto sul letto: il borsone stesso, lo zaino, la tuta, le polo nuove, le scarpe da gioco, quelle da passeggio, le ginocchiere, i calzettoni, il giubbotto, un giaccone... Sono esaltato come un bambino in un negozio di giocattoli. Provo tutto, mi pavoneggio davanti allo specchio in bianco e blu: sì... mi stanno bene.

I compagni di squadra, l'allenatore, i fisioterapisti, lo staff medico, i dirigenti: tutti mi accolgono in modo semplice e naturale, come si accoglie un giocatore. Nessuno mi tratta come uno che deve dare gli esami di riparazione. Mi fanno sentire a mio agio chiedendomi subito tutto quello che li incuriosisce della mia esperienza, ma per il resto, se mi cade una palla a un metro di distanza e non mi tuffo, mi stangano. Come farebbero con qualsiasi altro atleta. Quale sono anch'io, fra l'altro: forse è ora che me lo metta in testa.

Stoytchev, l'allenatore, e Poeder mi invitano a monitorare il mio stato minuto per minuto: «Dacci dei segnali. Se il ritmo è troppo sostenuto, dillo». Memore delle parole di Carlo («Se ti crei un problema muscolare per la fretta, poi ci tocca fermarci e ricominciare daccapo») sono molto attento a non rischiare. Ma quello che succede è che, magia, non ho bisogno di rallentare.

Non ho bisogno di giorni di riposo extra, non ho bisogno di recuperi più lunghi.

Faccio una fatica bestiale, la sera mi fanno male anche le unghie, ma che bello!

Mi aiutano moltissimo i fisioterapisti – e in particolare Davide Lama, il Da Vinci della riabilitazione – prendendosi cura dei miei tendini e lavorando in un'ottica di prevenzione. Visto che sono mesi che non gioco a questi livelli, lo staff medico decide di fare di tutto per cercare di prevenire infortuni di qualsiasi genere, dallo strappo in su, che potrebbero costringermi a uno stop. «Piccoli passi» mi dice Davide tutti i giorni, «basta che andiamo sempre avanti.»

A forza di piccoli passi, all'inizio di settembre salgo sulla bilancia e devo stropicciarmi gli occhi: 81,5. Scendo e mi guardo allo specchio: sono io. Abbronzato, con i miei capelli, il mio filo di barba incolta che piace ad Alessia. Sto davvero tornando alla mia vita. Sembra esattamente tutto come prima, ma ogni istante, ogni piccolo passo, ha più valore. Credo che ci metterò ancora un po' a realizzare. Le cose belle a volte stordiscono, come e forse più di quelle brutte.

Ovunque andiamo, il pubblico accoglie me e i ragazzi con lunghi applausi. I nostri avversari mi danno il cinque e si complimentano con me. Alcuni mi dicono: «Non vedevamo l'ora di vederti in campo». È una sensazione stupenda: il mondo della pallavolo mi sta abbracciando. È un abbraccio buono e fraterno, di quelli che fanno bene al cuore.

Mi rendo conto che chiunque abbia condiviso con me una trasferta, una camera d'albergo, un ritiro, una finale, lo spogliatoio, si è ritrovato a pensare: "Sarebbe potuto succedere a me". Il fatto che io sia riuscito a sconfiggere la malattia e a tornare in campo in così breve tempo, oltre a stupire, rende tutti felici. Fiduciosi, persino. Come dire: "Vedi, uno di noi c'è riuscito. È di nuovo qui, le cose belle succedono".

E succedono veramente. Il 30 settembre, per la Supercoppa, dopo 18 mesi, vale a dire 550 giorni, scendo di nuovo in campo per una partita ufficiale. Giochiamo a Modena, contro la Lube. Mia moglie mi guarda, ci sono anche Carolina e i miei genitori. C'è persino mia nonna, che non si è mai mossa da Villanova di Bagnacavallo se non per questa occasione. Qualche mese fa mi ha detto: «Io ti saprò davvero guarito solo quando ti vedrò in campo, e per esserci sono disposta a prendere anche l'aereo».

L'allenatore mi fa giocare per la prima volta alla fine di un'amichevole contro Cuneo, a Firenze, all'ultimo set. Nel momento preciso in cui varco la riga bianca che delimita il campo sento la grinta salirmi dalla punta dei piedi. Sono solo due-tre punti, ma sono infinitamente grato. Non posso scordarmi da dove vengo, e cioè da un letto d'ospedale, dove il tornare a casa era nulla più che una speranza. Tutto quello che mi viene dato è in più. Ho rischiato di non avere più niente, invece sono vivo, la mia famiglia è unita, e sono il secondo del miglior palleggiatore al mondo.

14

Il mio primo set intero lo gioco contro Piacenza: è ancora il pre-campionato, siamo in casa.

Alla fine ricevo complimenti da tutti: dal presidente, dal burbero Stoytchev, dai compagni. Mi gonfio quando Roberto Serniotti, il secondo allenatore, e Matteo Levratto, l'addetto alle statistiche e alle analisi video della squadra, mi dicono: «Da come ti sei mosso, non sembrava che fossi fermo da così tanto tempo».

E qua, per spiegare proprio bene che soddisfazione sia questa, devo ahimè far scattare un'ennesima parentesi.

Giocare in campo è anche questione di abitudine. L'abitudine permette di tenere senza problemi il ritmo di gioco. Che è velocissimo: le azioni durano in media pochi secondi. Durante quei secondi succede tutto quanto: battuta, ricezione, attacco, difesa, punto. E durante quei secondi bisogna sapere con esattezza dov'è la palla, quale traiettoria sta seguendo, a quale velocità. Ma non solo. Chi gioca deve avere presente anche quale compagno è dove, se si sta muovendo e in quale direzione; se è un palleggiatore deve immaginare un'azione.

I ritardi – è ovvio – non sono ammessi. Ecco a cosa serve l'abitudine: ad avere dimestichezza con le traiettorie e a identificare quella che la palla sta seguendo in un istante, liberando lo sguardo per monitorare altrove; a muoversi senza pensarci troppo, sapendo già dove bisogna andare e perché; a mantenere l'orientamento e a valutare la situazione senza perdere la concentrazione.

È come alla guida: se l'auto davanti inchioda, io non mi fermo a pensare "adesso spingo la frizione, poi scalo la marcia, poi spingo il freno". Sono azioni che si compiono in automatico, continuando a guardare l'auto di fronte, la strada, i segnali, eventuali pedoni o ciclisti.

Tutto questo – che sulla carta sembra complicatissimo – in realtà avviene in maniera naturale e armonica, quando si è abituati. I giocatori si muovono più o meno all'unisono, come i musicisti di un'orchestra: ciascuno svolge il proprio ruolo in tempo perché chi deve attaccare subito dopo possa suonare il proprio brano della partitura.

Quando manca l'abitudine, mantenere il ritmo di gioco è difficilissimo. E nel mio caso è rischioso perché se sono in anticipo io sono in anticipo tutti, ma se sono in ritardo io... perdiamo.

Ho chiuso i dubbi, l'insicurezza e il timore di fallire in un ripostiglio della mente, che tengo accuratamente chiuso. Le parole di Serniotti e Levratto mi toccano proprio lì, dove sono più fragile: aprono la finestra del ripostiglio e lasciano entrare l'aria e la luce, permettendomi di guardarci dentro senza ansia.

La stagione comincia malino. Due partite, due sconfitte: a Trento, mai successo. La prima, la Supercoppa italiana, contro la Lube; la seconda, la prima partita di campionato, contro Vibo Valentia.

Alla partenza per il Mondiale per club siamo pieni di incertezze. Ci riuniamo per discuterne e assisto a qualcosa di rarissimo: grandi campioni che si confrontano con assoluta trasparenza. Nessuna invidia, nessun risentimento, nessuna rivalità.

Come ultimo arrivato sto un po' in disparte, mi permetto di intervenire solo quando percepisco un certo sconforto.

Un anno fa, mentre ero ricoverato per il secondo ciclo di alte dosi, la squadra polacca con la quale avrei dovuto giocare, lo Jastrzebski Wegiel, si qualificò per la finale. Stavo malissimo, ma mandai un SMS a Bernardi, per complimentarmi. Lui mi telefonò ma non riuscii a rispondere: guardavo il cellulare illuminare il suo nome e mi venne da piangere, come il giorno della diagnosi. «Ma perché devo essere qua e non là?» ripetevo a mio padre, che mi prese il telefono e si sentì dire: «Lo sapevo, brutto bastardo, che guardavi».

In conferenza stampa Bernardi mi dedicò l'accesso a quella finale. Me lo dissero il giorno dopo. Per qualche giorno non ce l'ho fatta nemmeno a guardarla in televisione, la pallavolo.

Ai ragazzi dico che, a parer mio, siamo molto fortunati: ci sono giocatori che in tutta la carriera non partecipano a nessuna competizione internazionale. Quindi, sempre a parer mio, non è il caso di farne una tragedia. Sì, abbiamo perso: pazienza. Non vuol dire che perderemo sempre. Tutte le squadre hanno dei problemi, però non dobbiamo concentrarci su quelli, ma sui nostri punti di forza.

Infatti andiamo là e vinciamo. Soddisfazione massima: Stoytchev mi fa salire nel terzo set contro il Messico. È la mia prima partita ufficiale. E vale per il Mondiale. Al momento dell'ingresso in campo sono visibilmente emozionato, mi tremano le gambe. Per fortuna arriva subito una buona ricezione e affido la palla a Stokr, con il quale c'è un'intesa rodata dai tempi di Perugia. Faccio pure un *ace*! Se me l'avessero predetto non ci avrei creduto: ho segnato dei punti a un torneo internazionale a un anno dal sesto ciclo di chemio.

Al nostro ritorno rifaccio la PET: negativa. Ripeto tutti i test fisici: di salto, di velocità, di reazione... e i risultati cominciano ad assomigliare a quelli di Jack 1.0. La mia resistenza aumenta, non mi stanco più dopo gli allenamenti: in palestra e in campo va sempre meglio.

E, finalmente, anche a casa. Per mesi Ale e io ci siamo rincorsi in una spirale negativa senza riuscire a capirci più di tanto: ci siamo rinfacciati di tutto, ci siamo colpevolizzati a vicenda e ci siamo rotti parecchio le scatole l'un l'altra. A me dava fastidio tutto, e non di Alessia, ma di Alessia e Carolina: la luce in casa, i giochi della bambina sparsi sul pavimento, il suo bisogno di silenzio. Quando mi scappano di bocca commenti acidi o sgradevoli non mi riconosco nemmeno: non mi piaccio. Ma sono talmente avvolto nel mio bozzolo che non mi rendo conto di come mi comporto, e proprio con le persone a cui tengo di più.

Una notte Alessia non ne può più. Discutiamo continuamente, Carolina ne soffre e lei decide di tornare a Perugia. Abbiamo appena finito di alzare la voce, la sento sussurrare: «Prendo la bambina e vado via, perché tu non mi vuoi più bene». Non posso credere che pensi questo, non è vero. Insisto per risolvere la crisi, anche se siamo tutti e due stanchi e ci si chiudono gli occhi dal sonno. Mi spiega che sente che lei e Carolina mi sono d'impiccio e mentre parla mi viene un colpo di genio. Il discorso del "per me". Ce l'ha fatto don Peppe prima di sposarci. Ci disse che tutti i problemi degli uomini discendono dall'egoismo, dal fatto che nei rapporti siamo tutti concentrati a vedere cosa gli altri fanno per noi. Il suo suggerimento allora fu sostituire la litania del "per me" – "tu non mi guardi, tu non ti ricordi di me, tu non mi chiami, tu non mi baci, tu non mi abbracci, tu non mi parli" – con una domanda: "Cosa posso fare io per te?".

Il giorno dopo cominciamo a cedere entrambi su piccole cose che sappiamo dare fastidio all'altro. Ale mi fa trovare la luce spenta, io non la inseguo per parlare se noto che vuole stare da sola. Ogni gesto delicato rivolto all'altro toglie un velo dal nostro amore, che è lì sotto e profuma di rose.

Alla cena di Natale i compagni di squadra si presentano con una busta di donazioni per l'associazione. Sorpresa. È un dono più grande di quanto immaginino. Lo vedo tutte le volte che entro in reparto: mi sento bene tra quelle mura, utile. Per dare una mano racconto la mia storia.

La prima bambina che ho incontrato è Irene, e non me la

scordo più. L'ha presa molto male e non vuole parlarne. È senza capelli, pallida e stanca, ma bella, come solo i bambini sanno essere. Mi lancia uno sguardo svelto, giusto per vedere quanto sono alto, e poi si rituffa nel fumetto che stava sfogliando prima del mio arrivo. Con lei c'è la mamma. È disorientata, incredula e spaventata. Mi chiede chi sono e comincio a raccontarle di essere un giocatore di pallavolo di serie A. Poi nomino il cancro, il fatto che anch'io sono stato ammalato, e negli occhi di Irene si accende una luce. Mi sorride, mi fa spazio sul suo enorme letto bianco e mi invita a sedermi. Vuole che le racconti tutto e mentre lo faccio mi tiene la mano. Le mostro le foto che abbiamo scattato durante i miei interminabili ricoveri e si sorprende nel vedermi come lei, pallido, pelato e tanto, tanto stanco. Alla fine Irene mi abbraccia e dice: «Mamma, ma ti rendi conto? Hai visto? A Natale lui era come me! E adesso guardalo: è qui e gioca in serie A! Allora si può fare!».

È vero, si può fare.

Alessia dice spesso che «volere è potere». Ha ragione. Da quando abbiamo fondato l'associazione non facciamo altro che assistere a episodi che assomigliano tanto a miracoli: Irene che ritrova fiducia; Federico che, a otto anni, mi porta una busta con i suoi risparmi perché aiuti altre persone, visto che suo nonno e suo zio sono andati in cielo; i fondi che aumentano e ci consentono di comprare regali per tutti i bimbi ricoverati a Perugia.

L'abbiamo fondata per sostenere le ricerche del professor Falini, siamo riusciti a consegnargli un primo succoso assegno, ma non saprei dire se l'associazione sia un dono più per me o per lui. È certo che mi fa sentire motore di un cambiamento buono – quello da sofferenza a opportunità – e che l'energia positiva che ne ricavo è immensa e mi aiuta a buttare la palla di là anche quando la situazione non è idilliaca.

A gennaio la squadra ha un crollo. Dopo la vittoria del Mondiale, la vittoria della Coppa Italia contro la Lube e il primo posto alla conclusione del girone di andata del campionato, siamo stanchi morti. Più che altro mentalmente. Il bello di Trento è che, vinta una coppa, il giorno dopo si pensa già alla successiva. Chiaro che è un po' faticoso.

Ci va di mezzo la Champions League: ci presentiamo primi nel girone e veniamo sbattuti fuori al primo turno di eliminatorie da Mosca, al golden set. Siamo tutti delusi: dalla società ai tifosi, passando per il presidente, l'allenatore, lo staff, i giocatori, la città.

La sconfitta brucia, ma siamo sportivi. E lo sportivo cosa fa nel momento di difficoltà? Be', si rialza più carico di prima, con un nuovo obiettivo. Abbiamo la fortuna di fare un lavoro che ci offre decine di occasioni di riscatto, e la nostra è lo Scudetto.

Ripartiamo alla grande. Da febbraio in avanti non perdiamo più, e soprattutto sbaragliamo la Lube in casa sua, giocando una grande partita che ci permette di pareggiare quella non eccelsa del girone di andata.

Diventiamo gli avversari da battere, ma gli altri non sono da meno. Nella rosa delle favorite anche la Lube, Cuneo e Piacenza, che i giornalisti hanno data per spacciata a inizio campionato, sostenendo che fosse una squadra di "vecchietti a fine carriera", e invece sta lavorando benissimo. Vecchi o no, sta di fatto che Alessandro Fei, Samuele Papi e Hristo Zlatanov non hanno l'aria di voler finire la loro carriera: sono in gran forma. In più, a novembre hanno tesserato un ragazzo cubano, Simon, 206 centimetri di potenza disumana, che rafforza il centro già fortissimo di Maxwell Holt.

I play-off sembra che saranno tutto fuorché una passeggiata.

Cominciamo di spinta, vincendo entrambe le partite contro Vibo Valentia.

Poi incontriamo Cuneo. La prima gara è un disastro: siamo tesi, nervosi, giochiamo male ma per fortuna loro giocano peggio. Entro in campo anch'io: faccio qualche battuta tattica, cerco di restare in difesa, poi me ne torno in panchina cedendo il posto a Raphael. Li sconfiggiamo con maggiore decisione in gara 2 e passiamo il turno.

Siamo in finale. Contro Piacenza, che a sorpresa ha giocato i play-off migliori e ha sconfitto la Lube, una delle stra-favorite.

I giornali impazziscono: la solidità di Trento contro la crescita di Piacenza, che sta esprimendo una pallavolo davvero efficace.

Entrambi, per motivi diversi, siamo affamati: vogliamo questa vittoria. Sarà uno Scudetto sudato, ma nessuno di noi può chiedere di più per la sua carriera.

Gara 1 si gioca a Trento. Nel primo set ci frega l'emozione. Lo lasciamo andare ma ci aggiudichiamo gli altri: 3-1, vittoria nostra. In spogliatoio ci chiediamo: ci siamo imposti nonostante l'iniziale fragilità, non è che ce la facciamo?

Errore. Illudersi, mai. Saliamo sul pullman verso gara 2 col coltello fra i denti. Piacenza gioca bene, non c'è niente da dire. E Zlatanov ha una marcia in più: trascina la squadra ed esalta il pubblico. Noi in certi momenti perdiamo lucidità: il palazzetto è bollente, c'è una percentuale di umidità insopportabile. Morale: risaliamo sul pullman con in tasca una sapida sconfitta, gemella della loro, 1-3.

Stoytchev ci riunisce tutti il giorno dopo e ci espone la strategia per gara 3: massacrare Zlatanov. Gli dobbiamo battere addosso, dobbiamo murarlo, annientarlo. «Se annientiamo lui, la squadra si spegne, perché è lui che la sostiene.» Così facciamo: prendiamo di mira Zlatanov, che non riesce a esprimersi, e di conseguenza tutta la squadra è in affanno. Giochiamo una partita perfetta, molto aggressiva: 3-0 e agguantiamo il vantaggio. Il pubblico esulta, entra in campo per festeggiare insieme a noi, ma Stoytchev ci raduna e ci spedisce in spogliatoio: «Voglio che rimaniate concentrati: lo Scudetto non è ancora nostro, c'è gara 4 da vincere». Ci cambiamo e andiamo a mangiare una sobria pizza, prima di rintanarci ciascuno a casa sua.

Il giorno dopo ce la mettiamo tutta per resistere alla pressione: i giornali e i corridoi della pallavolo sono convinti che gara 3 abbia messo il sigillo di Trento sullo Scudetto, che Piacenza non si riprenderà facilmente da una sconfitta così netta.

Purtroppo, hanno torto. E io con loro. Ero straconvinto che dopo una batosta simile avrebbero fatto fatica a rialzarsi. Invece Piacenza ci aggredisce più di quanto abbiamo fatto noi in gara 3. Andiamo un po' nel pallone, fatichiamo a trovare la quadra per un buon gioco, mentre loro sono sicuri, liberi, sciolti. Il pubblico è in delirio, e ovviamente perdiamo: il primo, il secondo e stiamo perdendo malamente anche il terzo set quando Raphael, a due palloni dalla fine, salta, per palleggiare con una mano sola una palla vicina alla rete. Il gesto tecnico è ardito ma per lui è routine. La palla è ambigua: non è chiaro da che parte sia della rete. Contemporaneamente, dall'altra parte, l'enorme Simon si alza per attaccare e, sicuramente senza volere, oltre alla palla colpisce la mano del nostro palleggiatore. Raphael scende: si vede subito che si è fatto male. Corre in fondo al campo con una smorfia di dolore. L'allenatore mi fa salire per gli ultimi scambi. Pochi minuti e la partita finisce 3-0. Voliamo tutti nello spogliatoio, con in testa un solo pensiero: Raphael.

È pallido e dolorante. Speriamo tutti che sia una contusione, ma ciascuno di noi si è rotto un dito almeno una volta in carriera e si è ritrovato pallido e dolorante, con la medesima espressione dipinta in faccia. Osmany, uno dei suoi amici più cari, gli fa la domanda cruciale: «È rotto?».

«Sì ragazzi, è rotto. Non riesco a muoverlo, e in più sento che scrocchia.»

Il presidente arriva di corsa con il fisioterapista, lo caricano in macchina e lo portano all'ospedale di Trento.

Durante il viaggio di ritorno regna un silenzio tombale. La sconfitta non c'entra: ci è capitato di perdere altre volte, sappiamo di essere fallibili e non siamo abituati a fare tragedie. Sì, abbiamo preso una bella botta, ma se la tensione si taglia a fette è per Raphael, il leader della nostra squadra. Passo tutto il tempo a torcermi i pollici e a cercare di dominare l'ansia di dover, eventualmente, prendere il suo posto. Mi conforta l'idea che Raphael possa non essersi fatto niente, che sia un infortunio risolvibile in una settimana, o comunque tamponabile per il tempo della partita. Non oso immaginare i dubbi che passano per le teste dei miei compagni: non gioco una partita intera da due anni e la prima che gioco è gara 5 dei play-off? Questa gara 5?

A Trento piove. Piove proprio tanto, ma davanti alla sede ci aspetta un centinaio di persone, con k-way e ombrelli. Il dubbio che possano volerci picchiare si dissolve quando si aprono le porte del pullman e questi volenterosi cominciano a cantare: «Non vi lasceremo mai, non molleremo mai, i più forti siamo noi!».

Incredibile: abbiamo perso e la gente ci festeggia?

Per di più, alcuni tifosi mi avvicinano: «Jack, sei pronto! Jack, è il tuo momento!». Mi vengono i brividi lungo la schiena. Rispondo che spero che Raphael stia bene, specifico che no, non ho indiscrezioni, e ringraziando me la do a gambe verso casa.

Sarà mezzanotte quando – sono seduto al tavolo della cucina di fronte ad Alessia, a studiare la situazione – mi arriva un messaggio di Raphael. "Jack, il dito è rotto. È una frattura scomposta del medio, mi operano dopodomani, quindi tocca a te. Però non preoccuparti, sappi che questa cosa la affrontiamo insieme, andrà tutto bene."

«Porca miseria Ale, questo ragazzo è un grande leader. È all'ospedale, gli hanno appena detto che ha il dito fratturato, la finale decisiva è fra una settimana, e lui scrive a me per rassicurarmi.»

Le passo il telefono per leggere il messaggio, poi sputo il problema: «Porca miseria Ale, tocca a me».

Rimaniamo svegli fino alle 4 del mattino, storditi da questa brutta notizia che, sotto i nostri occhi, si sta trasformando in opportunità. In un'opportunità un po' pesante: diciamo che, se avessi potuto scegliere, avrei esordito con un po' meno pressione, che so, tutto ma non la finale Scudetto!

Il mattino dopo esce il comunicato stampa della società,

che conferma la gravità dell'infortunio di Raphael. Passo la giornata a rispondere alle telefonate e ai messaggi. Decine di persone mi dicono la stessa cosa. In sintesi: «Ci dispiace per Raphael ma questo è un appuntamento con il destino. La vita ti sta restituendo quello che ti ha tolto, il cerchio si sta chiudendo, adesso dipende da te ma tu sei pronto, ce la farai». Su Facebook un ragazzo mi scrive: "Io ho sempre tifato Piacenza, ma domenica non posso non tifare per te". Mi scrive addirittura il secondo palleggiatore di Piacenza, Antonio Corvetta: "Domenica comunque andrà io sarò felice: o sarò campione d'Italia io o lo sarai tu, e te lo meriti più di tutti noi".

A metà giornata mi rendo conto che non sono in grado di gestire tutto da solo e chiedo aiuto all'addetto stampa della società, Francesco Segala, che fissa alcune interviste. Cerco di rimanere tranquillo e di rispondere in maniera diplomatica.

Premetto a ogni risposta il dispiacere sincero per Raphael – e non potrebbe essere altrimenti. Pur di giocare mi sono fatto fasciare le costole quando ero piegato dal dolore: al posto di Raphael, quel dito me lo vorrei mangiare. E so per certo che per lui è così, anche se sta reagendo da grande leader, amico e signore.

Al «te l'aspettavi?» rispondo la verità, e cioè che nel momento in cui ho accettato questo ruolo sapevo sia che Trento si sarebbe trovata a giocare partite decisive sia che Raphael, in quanto umano, avrebbe potuto avere un'influenza: mentre firmavo il contratto ho messo in conto che sarebbe potuto toccare a me. Di dover affrontare la partita più difficile dell'anno, però, quella che tutti aspettano, senza aver giocato una partita da due anni a questa parte e in stagione praticamente mai... no, questo non me l'aspettavo.

Fortuna vuole che proprio oggi Carolina compia cinque anni. Nel ristorante dove abbiamo prenotato, il cellulare non prende. Non che l'idea di gara 5 mi abbandoni: passo la serata a consultarmi con Alessia su cosa fare, cosa dire, come comportarmi in quali occasioni. Cerco di prefigurarmi più scenari possibili per non trovarmi impreparato domani, agli allenamenti. Decidiamo che l'atteggiamento migliore che posso tenere è mostrarmi sicuro. Sicuro e tranquillo. Dispiaciuto per Raphael, come sono e come siamo tutti, ma sicuro, tranquillo e solido.

Non ho paura. La responsabilità non mi ha mai fatto paura, e poi la paura è un'altra cosa. Sono preoccupato, questo sì.

Ancora una volta, è questione di abitudine. Ho osservato questi atleti tutto l'anno, so quali sono le caratteristiche di ciascuno di loro. So chi vuole la palla più tesa, chi vuole più pancia, chi è più veloce, chi è più lento, chi la prende più alta perché ha il braccio lungo, chi la prende più bassa perché salta meno. So tutto. Il problema è mettere questo tutto in pratica in fase di contrattacco. In fase di attacco è più semplice, lo posso fare, in fase di contrattacco, ad alta velocità, con la massima precisione e mantenendo il ritmo di gioco, no. Per riuscirci serve averlo fatto migliaia di volte e poterlo rifare altre migliaia in automatico. Serve intesa. Una settimana di allenamenti, purtroppo, non basta.

Nessuno dei miei compagni è agitato quanto me. Anzi, mi aiutano a stemperare la tensione durante la sessione di pesi con qualche battuta.

Quando qualcuno di noi è sotto pressione, diciamo che ha "la scimmia sulle spalle". Andrea Bari si presenta con le banane e me le offre. Durante una pausa mi spruzza un po' d'acqua sulla schiena: «Via, via, via! Te la mando via io!».

Nel pomeriggio prendo in mano la squadra come titolare per la prima volta. Mi sono preparato un discorsetto, qualcosa del tipo: «Non possiamo essere perfetti, dovremo accettare i nostri limiti» eccetera eccetera.

Stoytchev, però, mi precede. Ci chiama tutti in cerchio e ci dice: «Ragazzi, come sapete Raphael è infortunato, oggi è stato operato. Domenica c'è la finale Scudetto. Abbiamo Jack, giochiamo con Jack, vinciamo con Jack».

Fine. Tutti annuiscono.

L'allenamento va male. Non troviamo i tempi di attacco.

Nonostante i compagni siano molto più rilassati di me e cerchino solo di agevolarmi il compito, dandomi indicazioni brevi e concise sulle loro esigenze, mi demoralizzo.

«Chissà che sognavo» confesso ad Alessia la sera. «I ragazzi non sembravano tanto scontenti, però non è andata per niente bene.»

«Amore, è solo il primo giorno...» Meno male che c'è Ale. Realizzo che ho ancora mercoledì, giovedì, venerdì e sabato, e non è poco. «Poi, Giacomo, prenditi le tue responsabilità, non quelle di tutto il mondo.»

A quel punto interviene Carolina, che è già in pigiamino ma ha voluto aspettarmi e sta giocando lì vicino con i Lego: «Papà, perché sei preoccupato?».

«Eh amore, papà deve giocare una partita difficile.»

«Va be', non la giochi mica da solo. C'è Bira, c'è Matey, c'è Baretto, c'è Pippo, c'è Osmany... ti aiuteranno loro, no?»

La semplicità di mia figlia e il punto di vista di mia moglie mi aiutano a prendere atto di un'evidenza che mi era sfuggita: non sono da solo, devo fare la mia parte, gli altri faranno la loro.

In due secondi faccio piazza pulita di metà delle nubi che mi offuscano il cervello: questa non è una favola, è vita vera. Quindi, ciao ciao appuntamento con il destino e cerchio che si chiude, benvenuta solida razionalità femminile. Io non posso fermarmi alla speranza, chiudere gli occhi e lasciare che le cose accadano; io devo pensare a come farle accadere. Il mio compito è essere il più preciso possibile sulla prima palla, e mi viene l'idea di cercare delle traiettorie standard per la seconda, che ci consentano di mantenere il ritmo di gioco: una settimana non basta per fare in modo che i miei compagni siano completamente a loro agio.

Il giorno dopo espongo anche a loro la mia illuminazione, sono tutti d'accordo. Chiedo agli allenatori di filmarci, così la sera potrò rivedere l'allenamento. Che va nettamente meglio: sono meno pensieroso, quindi più fluido, più concentrato.

Alessia la sera mi aspetta sulla porta: «Allora?».

«È andata meglio, molto meglio.» Mi confessa che la sera prima avrebbe voluto darmi un pugno, quando mi ha sentito così scoraggiato dopo un solo giorno. A ripensarci adesso, quasi quasi mi prenderei a pugni da solo. Ho cominciato a crederci: ce la possiamo fare.

E ho quasi una settimana davanti per migliorare la situazione.

Al mattino, in macchina, lungo il tragitto verso il palazzetto, canticchio *Notti magiche*, e piango. Ripenso a quel ragazzo pelato, magro, pallido, attaccato alla flebo in un letto d'ospedale, che oggi ha questa occasione. Mi si riempiono gli occhi di lacrimoni. C'è un verso della canzone, "E dagli spogliatoi escono i ragazzi e siamo noi". Mi vedo quel ragazzo là che esce dagli spogliatoi, e lui siamo noi: lui sono tutti i malati di cancro, la sua famiglia che l'ha sostenuto e amato e protetto da se stesso e dalle sue paure, tutti i medici che l'hanno guarito. Posso fare finta di niente, se mi serve per essere lucido, ma c'è in gioco qualcosa di più dello Scudetto. E se vinco, posso ripagare un po' di sofferenza. Voglio ripagarla. Mi viene il magone se penso alla gioia che potrebbero provare Alessia, Carolina, il mio babbo, la mia mamma, i miei fratelli, i genitori e il fratello di Alessia. Voglio vincere per i miei medici, i miei parenti. Voglio vincere per chi ha creduto in me, il presidente Mosna e Stoytchev che mi hanno scelto, per Trento che mi ha accolto. Voglio vincere per Raphael, che ha messo una buona parola, e per i ragazzi, che non mi hanno mai fatto sentire un atleta "in prova". Ma più di tutto, voglio vincere per quel ragazzo là, che non sapeva se sarebbe sopravvissuto e invece ce l'ha fatta a tornare se stesso. A tornare me.

15

Divento una macchina da guerra. La sera, dopo cena, rivedo gli allenamenti e ripasso tutto nella mia testa. È una tecnica che mi accompagna da sempre: ho guardato prima i VHS, poi i DVD, adesso porto tutto a casa su una pennetta USB, ma la sostanza non cambia, rivedersi in video aiuta a rendersi conto dei propri errori, e a correggersi.

Gli allenatori mi lasciano libero di gestire la squadra, senza bombardarmi di informazioni che creerebbero solo confusione. Stoytchev me lo dice proprio: «Jack, non alziamo troppo l'asticella: cerchiamo di essere precisi, regolari e di non incappare in errori banali». Sono d'accordissimo. Per costruire un gioco spumeggiante e imprevedibile non c'è tempo, dobbiamo puntare sui nostri attaccanti, che sono tutti molto forti, e metterli in condizione di esprimersi al meglio.

I fisioterapisti mi coccolano. Stiamo spingendo come matti, a fine allenamento sono tutto contratto. Tutti i giorni mi massaggiano le gambe perché le senta più leggere, mi immergono nell'idromassaggio, mi fanno fare un percorso di acqua fredda, calda e ghiaccio, continuano con il laser ai tendini, mi scaricano la schiena. Rimango in palestra un'ora in più degli altri.

Poi arrivo a casa da Alessia, che ha deciso che non devo

disperdere le mie energie. Non le sfugge nulla: in casa non c'è un dettaglio fuori posto. A pranzo mi fa trovare persino le tende tirate perché sa che amo la penombra.

Domenica c'è nell'aria una certa tensione.

I biglietti sono esauriti da una settimana: cinquemila posti. La gente ha fatto code di centinaia di metri per assicurarseli. Accrediti stampa da decine di paesi, collegamento con gli Stati Uniti, diretta Rai Sport: tutto il mondo ci guarda.

Come se non bastasse, nel mio angolo c'è tutto il mio, di mondo: Alessia, Carolina, i miei genitori, i miei fratelli con fidanzate, persino i cugini, amici, il mio procuratore. In più, continuo a ricevere messaggi a decine: "Jack, tu giochi anche per gli ammalati", "Jack, giochi per il mio papà che è in cielo", "Mio figlio non ce l'ha fatta, ma domenica vinci anche per lui", "Mia moglie ha il cancro, tifo per te".

La domenica mattina sono un bel po' agitato. E se non vinco? Se non vinco la favola si sgonfierà, si asciugherà fino a entrare nelle strette colonne di un qualche giornale. Se non vinco deluderò tutte queste persone, che credono in me. Se non vinco, nei corridoi della pallavolo si potrebbe dire, magari con tono compassionevole: "Ecco, non è più quello di una volta...".

Un anno e mezzo fa, chiamavo tutto questo "paura". Avrei preso questo sentimento e l'avrei trasformato in aggressività in campo. Forse avrei anche vinto. Oggi, invece, posso dire con certezza che di paura non ne ho. L'ho giurato a me stesso: non mi capiterà più di avere paura per la pallavolo. La pallavolo è solo un gioco. È importante: siamo in tanti a investirci – impegno, tempo, aspettative, sogni, soldi. Però è un gioco: uno vince, uno perde, nessuno muore. No?

A volare basso me l'ha insegnato innanzitutto mio padre. Ha ripetuto a noi tre fratelli migliaia di volte: «Senza umiltà non si va da nessuna parte». Era un concetto particolarmente chiaro per il figlio di un chirurgo: lui salva la vita alla gente, io faccio sport. Posso essere anche un fenomeno, ma sempre di sport si tratta.

Poi si cresce. Ci si distrae. Quando mi è successo – e mi è successo – ci ha pensato la vita, in tanti modi diversi, a farmi capire che ero "troppo ricco", come mi ha detto quel frate a Pasqua l'anno scorso. «La vita ti insegnerà l'umiltà» mi disse. Aveva ragione. Non posso non pensarlo: se non fosse così, che senso avrebbe la mia esperienza?

Non ho paura: sono preoccupato. Sento la responsabilità di dover giocare una partita decisiva dopo anni che non prendo in mano una squadra. Sento la responsabilità verso chi ha creduto in me e mi sta offrendo oggi questa opportunità. Poi spero di vincere. Voglio mettere la parola "fine" alla mia malattia e regalare la vittoria alle persone che l'hanno superata insieme a me.

Il pensiero di non essere all'altezza è martellante. E il peso delle aspettative è difficile da sostenere: guarderanno tutti me – i miei compagni, i miei avversari, i dirigenti, i giornalisti, il pubblico – chiedendosi: "Ma questo ragazzo è pronto?".

A pranzo, dopo l'allenamento di rifinitura, provo a comportarmi come sempre. Prendo Carolina per fare il pisolino insieme a lei: di solito dormo benissimo, ma niente. Lei ronfa beata sulla mia spalla, io guardo il soffitto.

"Una palla per volta" mi dico. Qualsiasi cosa succeda, devo rimanere concentrato sulla singola palla: siamo avanti di dieci, indietro di dieci? Non importa. La situazione può cambiare in qualsiasi momento, per farla girare a nostro favore devo giocare bene ogni palla. Quindi, il mio segreto sarà questo: «Una palla per volta».

Decido che entrerò in campo impassibile, come una maschera. Piuttosto fisserò il pavimento, ma non dovrò incrociare lo sguardo di nessuno nel mio angolo, neanche per errore – troppe facce che amo, se ne vedo anche solo mezza mi emoziono ed è finita.

Forse la pensano così anche i miei compagni, perché nello spogliatoio siamo tutti in silenzio. Ci guardiamo negli occhi, ci confortiamo l'un l'altro a mezza voce. Io non parlo: sono troppo impegnato a cercare di controllare il respiro. È il momento. Basta chiacchiere, basta pensieri: si gioca.

Stoytchev, cosa rarissima, ci fa un discorso prima di entrare in campo. Di solito dà giusto qualche indicazione tecnica, invece questa volta si lascia andare: «Ragazzi, li conosciamo bene, loro conoscono noi. Ora scendiamo in campo, ma ricordatevi bene che oggi noi giochiamo per Jack, giochiamo per Raphael, giochiamo per il nonno di Matey, che è scomparso da poco. Questa è una guerra: là fuori è pieno di gente che vorrebbe vederci perdere, e sapete perché? Perché ci invidiano. Ci invidiano perché siamo forti, perché voi siete una squadra eccezionale. Ve lo dico da uomo: siete dei grandi giocatori, e siete dei grandi uomini». A Raphael scende una lacrima: ha guidato la squadra tutto l'anno e vorrebbe esserci. È stato presente tutta la settimana, agli allenamenti, nello spogliatoio, ci ha supportati: non so chi altro l'avrebbe fatto.

«Poi ci sono le persone che vorrebbero vederci vincere: quelle che ci vogliono bene, quelle che per noi contano. Oggi giochiamo anche per loro. Quindi adesso alziamoci, usciamo là fuori e vinciamo questa guerra!» Urliamo tutti, ci abbracciamo, abbracciamo Raphael e usciamo nel corridoio. Camminiamo lentamente, tutti in fila. Nel buio, penso un'ultima volta a quanto sarebbe bello che... poi metto da parte questo pensiero e cerco dentro di me il silenzio della concentrazione. Ascolto ogni muscolo del mio corpo: quelli del volto si fanno più tesi, cerco di rilassare il collo e faccio ondeggiare un po' le braccia. Le gambe sono forti, solide, i tendini sciolti, pronti.

Strizzo appena gli occhi entrando nella luce del campo, dietro Matey. È un boato: le tribune sono tutte giallo-blu, stracolme. Vorrei guardare nel mio angolo ma non cedo. Do il 5 a tutti i miei compagni, ci schieriamo, applaudiamo il nostro pubblico e porto lo sguardo a terra.

Dobbiamo riscaldarci. "Una cosa per volta." Corsa, poi allungamenti, poi addominali (quaranta alti, quaranta bassi), poi dorsali. Palla a coppie: metto a fuoco Damiano Valsecchi. Palleggio, bagher, attacco: vedo solo Damiano e la palla.

L'allenatore ci dà la formazione e le ultime indicazioni

prima della presentazione di ogni singolo giocatore. Quando chiamano «Sintini» e sento l'applauso sono già in partita: tutti guarderanno me, devo mandare subito un segnale forte. Gli avversari devono capire che questa è una partita vera: non ho patito le pene dell'inferno per regalare punti a Piacenza. I miei compagni devono sapere che sono pronto a guidarli: sono venuto per giocare, e per giocare bene. Se la partita finisce male, non sarà per colpa mia.

I primi due palloni sono fondamentali. Devo esibirmi in qualche gesto tecnico difficile subito: se mi vedono titubante è la fine.

Cominciamo alla grande con una cannonata di Osmany, punto.

La palla passa a Holt, ed è la prima azione che devo costruire io. Riceve Osmany, in posto 5. Corro e vado sul sicuro, ma non troppo: faccio un'alzata che è un po' un mio marchio di fabbrica, staccando a una gamba. La palla vola perfetta e velocissima su Stokr, che attacca forte, in diagonale sopra il muro. Punto.

Batte Bira, Piacenza riceve, Zlatanov schiaccia e non riusciamo a fermarlo.

2 pari. Palla a loro.

Mi arriva un pallone staccato, non semplice da gestire per il primo tempo, ma riesco a centrare una traiettoria imprevedibile, servo Djuric e la palla va a terra.

Messaggio mandato: "Questo gioca". Mi sciolgo.

Rimaniamo in equilibrio per tutto il primo set. Lo arraffiamo sul filo del rasoio, 25-23, per un errore di Simon, dopo esserci inseguiti punto su punto.

Il secondo set è una disfatta: Papi porta Piacenza in vantaggio, cerchiamo di recuperare ma Simon ci travolge, centra tre *ace* di fila. Recuperiamo qualche punto con Bira ma non basta. Ci fermiamo a 21, ed è ancora parità.

Piacenza batte benissimo. Zlatanov, Holt, Papi, lo stesso Simon sono incontenibili. Combattiamo punto a punto, ma sul 16-15, con Piacenza in vantaggio, Stoytchev risponde a una provocazione del direttore generale di Piacenza,

Cottarelli, e invade il campo. Il pubblico si scalda, i giocatori di Piacenza si precipitano a difendere il loro dirigente, intervengono persino i carabinieri. L'arbitro espelle tutti e due, Cottarelli ma soprattutto Stoytchev. In tribuna fino alla fine del set.

Matey, un grande capitano, prende in mano la squadra: ci sprona a reagire e si prende le sue responsabilità. Stokr è in affanno, lo fermano a ogni tentativo. Osmany dà tutto per arginare le loro battute: Matey è il giocatore più forte di palla alta, adesso – bando alla tattica, mi dico – mi appoggio a lui. Matey si scalda, scalpita, si alza e fa punto. 19-18. 20-18. Simon prova ad accorciare le distanze ma Stokr ritrova il break di vantaggio. Bira tira fuori il carattere e chiude il terzo set murando Holt e portandoci in vantaggio.

2-1 per noi.

Holt risponde a Bira con due fucilate in battuta. Lo imita Simon, poi Fei. Risichiamo un punticino grazie a Bira ma il quarto set parte malissimo: in tre minuti siamo sotto di 4. Proviamo a recuperare ma non c'è niente da fare: Piacenza è potente, precisa. Noi sbagliamo e ci demoralizziamo un po': Piacenza se ne accorge, ne approfitta e ci massacra. Zlatanov centra un *ace*, lo dedica al pubblico, poi fa il punto decisivo: 25-19, ancora parità.

Palla al centro, tutto da rifare. Siamo al tie-break: chi arriva prima a 15, con due punti di scarto, vince.

Ci casco. Tutto quel tempo a pensare: "È solo una partita" e a minimizzare i "millemila" messaggi di solidarietà che ho ricevuto, e ci casco con tutte le scarpe. Mi tornano in mente gli occhi umidi di Falini, il 9 agosto di un anno fa, e la metafora pallavolistica che ha usato per aiutarmi a digerire l'idea prima delle alte dosi, poi dell'auto-trapianto: «Giacomo, siamo in vantaggio, ma è probabile che la malattia ci porti al tie-break. Ed è lì che dobbiamo vincere».

Ho vinto allora per arrivare qua. E questo tie-break lo voglio vincere.

Nel frattempo Stoytchev ha fatto alcuni cambi: Massimo Colaci al posto di Andrea Bari, Matteo Brugsthaler – che è bravo a muro – al posto di Mitar Djuric, che è fortissimo in attacco ma gli avversari in questo momento sembrano aver trovato il modo di contenerlo.

Partiamo alla grande: Brugsthaler mette un paio di muri esagerati a terra, *ace* di Bira, ci difendiamo con classe, io sfrutto i contrattacchi alzando palla per Stokr e Matey che, carichissimi, vanno a segno. Insomma, in cinque minuti li stacchiamo, 6-1. Un punteggio che non si recupera quasi mai, nella mia esperienza. "Abbiamo vinto" pensiamo.

Poi Stokr sbaglia. Prima in battuta, poi in schiacciata. 6-3. Fei mette a segno un punto impossibile, 6-4. Stoytchev chiama il time out. «Rimanete in partita!» e ci dà due dritte tecniche.

Torniamo in campo. Ancora Fei, 6-5. Ancora Fei, 6-6. Ancora Fei, 7-6. Li raggiungiamo e un minuto dopo è 8-7 per loro. "Abbiamo perso."

Cambiamo campo. Ci guardiamo l'un l'altro: "E adesso come li fermiamo?".

Papi e Simon non riescono a murare Stokr: 8 pari, rigore.

Batte Brugsthaler, Papi attacca, noi la tocchiamo, la palla vola in alto, sopra la rete, ricade a filo: De Cecco ha campo libero, può attaccare senza muro. Mi viene in mente il "tutti campioni moment", in spogliatoio, con Bovo e Botti a Perugia, nel 2008: dopo la partita, ciascuno elencava quello che aveva fatto bene. Prima ci gasavamo, poi ci prendevamo in giro. Questa è da presa in giro.

Sono pronto alla disfatta, ma De Cecco sbaglia l'attacco. Tira, fuori.

Bira lo insolentisce: «Lucio, hai fatto una bella boiata! Adesso voi perdete e noi vinciamo...». Sembra Kiraly contro Ganev. Il pubblico esplode, De Cecco la subisce: si vede dagli occhi.

Brugsthaler torna in battuta, De Cecco serve un pallonetto a Fei, che non riesce ad attaccare. Teniamo la palla e contrattacchiamo: il momento peggiore, per noi. De Cecco è a muro, do palla a Osmany: è il mio attaccante più forte contro il muro più debole. È punto, 10-8.

Monti chiama il time out. Il palazzetto scoppia di applausi e cori per Trento, ma De Cecco ritrova la lucidità e restituisce il favore a Bira servendo Simon e Simon schiaccia: 10-9, tutto da rifare.

«Chi è che perde, eh?» È De Cecco a parlare. Nella nostra metà campo Bira gli si avventa contro. Ci avviciniamo in due o tre, di là succede lo stesso: ci aggrediamo a mezze parole, sotto l'arbitro, che seda il battibecco e ci richiama al gioco.

Va in battuta Simon, un rullo compressore. La palla si alza fin quasi al soffitto, cambiarle traiettoria è difficilissimo. Mi guardo intorno: «Se riesco la do a Jan, se riesco la do a Jan». La palla arriva velocissima e pesante, mi inarco e la passo a Jan Stokr, che corre, si alza e attacca. Prima che De Cecco imbastisca l'azione Papi fa invasione di campo. Fallo: 11-9 per noi. Che bel regalo.

Siamo in fase 1. Fase delicata: opposto e schiacciatore non sono a loro agio, devono resettare i punti di riferimento in campo, adattandosi a ricevere palla da traiettorie cui sono meno abituati.

Batto io, De Cecco dà la palla a Holt: schiacciata, punto. 11-10.

Monti fa uscire Samuele Papi; entra al suo posto Luca Tencati, due metri tondi tondi, fortissimo a muro.

È il turno di De Cecco. Riceviamo male, un po' staccati. La palla mi arriva da dietro, la servo a Osmany ma Holt lo mura. Palla a terra: 11 pari.

Anni di conteggi sulle mie percentuali, e faccio una scelta da pollo. Posso dare palla a Stokr o a Matey, e la do a Matey. È un palleggio talmente scontato che Piacenza lo prevede: Fei si sposta al centro, scoprendo Stokr, in tempo per murare con Tencati una cannonata di Matey.

Sul 12-11, per loro, con De Cecco che si rotea la palla tra le mani prima di servire, Osmany mi dice: «Jack, ho un problema a una gamba».

No, un problema alla gamba no. Non possiamo permettercelo. «No, Osmany, impossibile.» C'è una legge che si impara fin da ragazzini: mai seguire una regola di distribuzione. Se dai la palla dietro e ti murano, poi la dai al centro e ti murano, mai darla davanti, è troppo prevedibile. Sarebbe 13-11 sicuro.

«Osmany» lo imploro, «salta anche a una gamba, non mi interessa, ma la devi mettere giù tu.» Lui non replica. Non abbiamo più tempo: De Cecco batte, la palla arriva bene, Tencati perde un po' di tempo sul primo tempo, la passo a Osmany e lui la schiaccia a terra, da grande campione qual è. Ci abbracciamo e lui va alla battuta.

È fortissimo, Piacenza riceve male, De Cecco palleggia in posto 4, Fei non riesce ad attaccare, noi ricostruiamo: alzo per Stokr, Marra si tuffa e la recupera, Holt la manda di là e non fa in tempo a girarsi e a saltare che Stokr, freddo e veloce, l'ha già schiacciata. Punto. 13-12 per noi.

La tensione si taglia a fette. Ritorna in battuta l'ormai mitico Osmany. Nessuno ha più time out. Riceve Papi, De Cecco palleggia, Holt finta, Fei non trova spazio, il gioco si spezza. La palla arriva nella nostra metà campo, la serviamo a Stokr che supera il muro di Fei e Holt, fuori. "È finita" pensiamo tutti. Ma Holt solleva un braccio, si autodenuncia: «L'ho toccata».

È incredibile. 14-12. Match ball.

Sulle tribune sventolano già le bandiere. I tifosi inneggiano a «Tren-to, Tren-to». Non sanno che siamo esausti, senza fiato. Non sanno che Osmany ha male a una gamba quando torna, per la terza volta, in battuta.

Ci schieriamo. Osmany Juantorena è il miglior battitore del campionato, ha un'efficienza incredibile: fa decine e decine di *ace* e sbaglia pochissimo. Impalato in mezzo al campo, con gli occhi chiusi, le mani lungo i fianchi, incredulo, prego perché ne centri uno proprio adesso, di quegli *ace*: «Un *ace*, un *ace* e andiamo tutti a casa».

Chiudo gli occhi. Bom: Osmany tira uno dei suoi fendenti. Riceve Marra, che vola a terra per la potenza della palla, Papi la alza per Fei, Stokr mura, Holt la salva, De Cecco riprova con Fei, che vola in alto e tenta di superare la difesa di Birarelli, ma Bira è più in alto di lui e lo ferma ancora, si butta Marra, De Cecco cambia strategia e alza per Papi, che schiaccia.

Fuori.

15-12. Abbiamo vinto.

Il palazzetto esplode.

Cado in ginocchio, svuotato. Penso solo "grazie". Raphael invade il campo, viene a tirarmi su da terra e io continuo solo a pensare "grazie".

Non immaginavo che il mio cuore potesse allargarsi a tal punto, contenere tanta gratitudine. Abbraccio tutti i campioni che hanno giocato con me e penso all'ultima settimana, che riassume tutta la mia vita: Raphael si fa male, brutta notizia, e mi trovo di nuovo ad affrontare un po' per volta qualcosa di più grande di me, a fare di nuovo quadrato con quelli che mi vogliono bene e che condividono il mio obiettivo, concentrandomi solo su di esso. Come con il cancro: brutta notizia, e ho fatto squadra con la mia famiglia, i medici, gli infermieri. Con Dio, che non ha lasciato che ne fossi schiacciato. Mi ha sollevato in alto e mi ha dato la forza per non sentirmi impotente e non cadere nella disperazione.

Anche la squadra con la quale ho vinto oggi è formidabile. Non c'è egoismo, non c'è invidia. Chi è uscito ha fatto un tifo sfegatato per chi è entrato in campo: Bari ha incitato Colaci per tutta la partita, Mitar è stato il primo a far casino quando Burgsthaler ha fatto punto. Raphael in un'intervista dopo l'infortunio ha detto: «Sono sicuro che andrà bene, la squadra è in buone mani. E questa è solo una cosa brutta che è successa a me perché ne potesse succedere una bella a Jack». È un gruppo irripetibile. Ed è questa la nostra forza.

È già terzo tempo: i giocatori di Piacenza passano sotto la rete, mi gettano le braccia al collo e mi dicono che hanno perso, ma gli dispiace di meno, perché ho vinto io.

Un anno fa: mi sembrava impossibile bere un bicchiere d'acqua, tornare a camminare, tornare a vivere, e oggi ho compiuto un'impresa sportiva memorabile.

La Rai mi bracca per intervistarmi e confesso subito la

mia incredulità: «Ragazzi, sono così sotto shock che non sono responsabile di quello che dico. Non avrei mai potuto immaginare una cosa del genere. È una cosa stupenda. Questa settimana, quando si è fatto male Raphael, i ragazzi mi hanno fatto sentire come se avessimo giocato sempre insieme. Io ho cercato di fargli vedere che non avevo paura di prendermi questa responsabilità, ma non ho parole per definire il gruppo, lo staff, la società... Voi sapete dov'ero un anno fa: credevo che non sarei neanche riuscito a sopravvivere. Adesso sono campione d'Italia. Non voglio sembrare melodrammatico, però lo dico a tutte le persone ammalate di cancro: non perdete mai la speranza, perché il sole può tornare a splendere! Io l'ho visto, ce l'ho fatta, e io non sono nessuno, sono una persona normale. Voglio dedicare questa vittoria alla mia famiglia, a mia moglie, a mia figlia, a mia mamma, al mio papà, ai miei fratelli, a tutti i miei familiari, ai medici che mi hanno curato e agli infermieri che mi hanno tenuto la mano durante la notte. E voglio dedicarla a tutte le persone ammalate di cancro».

Mi viene da piangere e corro ad abbracciare la mia Alessia in lacrime che mi urla «Ti amo, ti amo, ce l'hai fatta!» e la mia Carolina tutta stralunata.

«Hai visto amore? È incredibile!» le rispondo. Ancora non ci credo di averla resa così fiera e orgogliosa. Dopo tutto quell'amaro, finalmente qualcosa per cui gioire forte.

Poi è solo festa.

In spogliatoio: facciamo la doccia nello champagne e nella birra, e mi consegnano il premio MVP, per il miglior giocatore: non l'ho mai vinto in una finale Scudetto.

Per telefono: a mezz'ora dalla partita il cellulare scoppia di 101 SMS, su Facebook ricevo 135 messaggi, che crescono di ora in ora. Tutti vogliono ringraziarmi per avere vinto e per quello che ho detto.

A Villanova: i miei, non si sa come, riescono a pigiare trecento persone in giardino, per una festa entrata d'ufficio negli annali del paese.

In ospedale e in chiesa: il giorno dopo in Ematologia a Perugia tutti i medici circolano con una copia della "Gazzetta dello Sport". Tornato a casa faccio un piccolo tour con le medaglie al collo: voglio che in reparto e in chiesa le vedano e le tocchino perché, esattamente come sono della mia famiglia, sono anche dei medici, degli infermieri, degli specializzandi, di don Francesco, don Domenico e don Peppe e delle persone che hanno pregato per me. Sono di Gesù e di Dio, i custodi della mia speranza.

16

A settembre abbiamo accompagnato Carolina all'asilo per il primo giorno. Ha voluto stranamente un grembiulino rosa e Ale le ha fatto i codini.

La guardiamo mescolarsi ai suoi amici e ci chiediamo quando smetterà di ripetere: «Il papà non ci va più nella cameretta del dottore» tutte le volte che passiamo in macchina davanti all'ospedale. Cosa le sarà rimasto attaccato, di tutto questo? Facciamo fatica a capirlo perché ancora non ne vuole parlare. Anche se fa disegni coloratissimi, continua a cambiare discorso quando io o la sua mamma le domandiamo cosa si ricorda della mia malattia. Purché non insistiamo, ci racconta qualcosa di divertente o ci dice che ci vuole bene. A tutti e due, mi raccomando: «Mamma, ti voglio bene. E voglio bene anche al papà».

Spero che i suoi sogni siano tutti salvi e che continui a credere, ben al di là dell'età dell'ingenuità e dell'innocenza, che volere è potere, come proviamo a insegnarle ogni giorno.

Spero che, quando sarà un po' cresciuta, non si stancherà di sentire che la sua mamma e io, dopo aver imprecato per quei dieci-quindici minuti, neutralizziamo ogni arrabbiatura – a partire da quelle più insignificanti – e ogni problema pratico con la frase: «Ascolta amore, basta che ci sia la salute».

Spero che sarà orgogliosa del modo in cui abbiamo affrontato l'ostacolo più grande che, finora, ci sia capitato. Io lo sono.

Non era scontato che la mia famiglia facesse squadra in modo così coeso e che imparasse a muoversi con un'intesa così perfetta, per permettermi di buttare a terra quella palla.

Non era scontato che riuscissimo a non cadere nella disperazione. Lo sport mi ha insegnato a non abbattermi nelle difficoltà, e tutti hanno sposato questo punto di vista.

La disperazione è la completa assenza di speranza. Aprendole la porta e lasciandola entrare, la malattia avrebbe finito per sovrastarci. Avremmo visto le vie d'uscita a nostra disposizione non come delle occasioni ma come una condanna – perché a volte è questo che sono, la causa della morte di tanti ammalati. E morire per il linfoma o per un'infezione dopo l'auto-trapianto è la stessa cosa: sempre di morte si tratta.

Sono fiero del fatto che siamo riusciti a darci la possibilità di piangere e di provare paura, o panico, senza nasconderci mai; appoggiandoci a chi, in quel momento, riusciva a rimanere solido, positivo, rassicurante.

Sono fiero del fatto che abbiamo saputo riconoscere la malattia per quello che è: un'ingiustizia sommaria che colpisce indiscriminatamente bambini, adulti e anziani, uomini e donne. Ha colpito me, atleta professionista di trentadue anni, come ha colpito la bambina down di tre anni che abbiamo incontrato il giorno dell'agobiopsia. Non ci siamo arrabbiati con Dio, non ci siamo sentiti sfortunati, se non un istante, ma siamo riusciti a mantenere lo sguardo dritto verso il futuro: ok, ci è successo questo. Come ne veniamo fuori? C'è una bella differenza tra limitarsi a vedere il problema e rimboccarsi le maniche alla ricerca di una soluzione.

Sono fiero di aver raccolto la sfida di tornare a giocare, e della rabbia sana, agonistica, con la quale l'ho condotta. Il cancro voleva togliermi tutto e io ho voluto riprendermi tutto.

Oggi sono felice. Ho imparato a godermi ogni istante, ad assaporare tutte le giornate come i doni unici che sono. Ho imparato molto sul dolore e su me stesso e posso dire con orgoglio che ho vinto io, non solo perché sono in remissione totale, ma perché sono riuscito a rimanere Giacomo, senza diventare Giacomo-il-povero-malato-di-cancro.

Ho smesso di chiedermi perché io sono vivo e altri no.

Provo invece a chiedermi cosa posso fare di buono, come posso restituire un po' di quello che ho ricevuto: ho una seconda chance, e se mi limitassi a essere semplicemente il Giacomo Sintini di prima la sprecherei. Cerco di raccogliere fondi per la ricerca. Cerco di confortare raccontando la mia esperienza. Cerco di infondere negli altri la stessa fiducia dalla quale sono stato circondato – non è detto che tutti abbiano un'Alessia, una Carolina e una famiglia come la mia.

E cerco di guardare avanti, con tutta la gioia di cui sono capace, e il cuore colmo di gratitudine come alla fine di gara 5. Ho ancora almeno qualche bambino da fare, una casa da costruire, molte vittorie da arraffare. Se avere l'opportunità di provarci significa che è andata a finire bene, allora sì: questo è proprio un lieto fine.

Grazie...

a Carolina, per essere tutto ciò per cui vale la pena alzarsi e lottare ogni giorno;

al mio babbo e alla mia mamma, per avermi insegnato ad avere fiducia nel prossimo e nel domani, per avermi sostenuto sempre, in tutte le scelte, le gioie e le difficoltà del mio cammino;

ai miei fratelli, Tommaso e Mattia, per il bene che abbiamo imparato a volerci e che cresce ogni giorno;

ai genitori di mia moglie, Nando e Natalina, e a suo fratello Luca, per avermi accolto subito e sempre come uno di famiglia;

a nonna Lidia e nonno Arturo, che mi hanno vegliato dal cielo;

a tutti i miei parenti, per il costante pensiero;

ai miei tanti amici, per aver sempre sperato;

alle parrocchie di Prepo, Castel del Piano, Bagnaia e Villanova di Bagnacavallo, per aver pregato giorno e notte per me;

ai medici, gli infermieri, i volontari e gli inservienti del reparto di Ematologia oncologica di Perugia, per avermi aiutato a tornare a casa;

a tutto il mondo della pallavolo italiana, per non essersi mai dimenticato di me.

Associazione Giacomo Sintini

insieme è + facile!

L'Associazione Giacomo Sintini è una organizzazione no profit che si occupa di raccogliere fondi per la ricerca medica contro leucemie e linfomi e per l'assistenza in campo onco-ematologico.

Tutte le informazioni sono disponibili sulla pagina Facebook dedicata:

www.facebook.com/pages/Associazione-Giacomo-Sintini/344414825621125

Chi intendesse donare, può fare un bonifico di qualsiasi importo a questo conto corrente:

IT 45 P 05 704 03000 000000031354

Arnoldo Mondadori Editore S.p.A.

Questo volume è stato stampato
presso ELCOGRAF S.p.A.
Stabilimento - Cles (TN)

Stampato in Italia - Printed in Italy